Tavynho Bonfa

salvo pelo

Os próximos 50 anos de música

Tavynho Bonfa

SALVO PELO BONUS

1° edição

Rio de Janeiro
Luiz Octavio Bonfá Burnier
2018

SALVO PELO BONUS

Os próximos 50 anos de música

Copyright ©MMXVII Luiz Octavio Bonfá Burnier

ISBN: 978-85-923255-1-0
Todos os direitos reservados ao autor. A.K.A. BonfaStudio®

Categoria:
Negócios – Marketing de Rede

Coordenação e Finalização:
BonfaStudio Digital Records

Revisão de Texto:
Nelson Silo Piluman

Todos os direitos autorais são reservados à BonfaStudio, que deverá dar a permissão ao pedido escrito, para usar ou reproduzir qualquer parte deste livro, exceto por breves citações, críticas, revistas ou artigos.

BonfaStudio Digital Records é um selo da Editora BonfaStudio/ Tavynho Bonfa, Pref. Editorial: 923255
AGENCIA BRASILEIRA DO ISBN
http://www.isbn.bn.br

Bonfa, Tavynho
　　SALVO PELO BONUS – Os próximos 50 anos de música / Tavynho Bonfa, Rio de Janeiro, Brasil, Editora Tavynho Bonfa, 2018

ISBN: 978-85-923255-1-0

Tavynho Bonfa

Dedico este livro às pessoas que querem ter uma vida melhor e buscam ferramentas para isto. Algumas passagens estarão diretamente nesta função, mesmo assim, ao longo, não poderei deixar de mencionar em outras passagens pessoas que me ajudaram no desenvolvimento desta visão. A maioria indiretamente. Tomei a decisão sem consultar senão minha necessidade de registrar escrevendo. Esta é uma historia real e no mínimo estou ajudando uma parte da sociedade que esta enxergando algo diferente ou almeja isto de verdade.

Estou escrevendo eu mesmo, e deixo isto registrado aqui. Para tal não contratei nenhum escritor ou ombudsman, isto porque conheci gente abastada que assim o faz. Daí lança aquele belo livro, capa e folhas de gramatura espetacular, mas que não transmite pessoalidade, ou ganho em realidade, e nasce sem a alma do autor. Deste modo, é um livro que todo o seu gosto em lê-lo será relacionado diretamente comigo. Serei detentor do teu desprezo ou discórdia, e também do teu carinho e admiração.

Vou resumir 50 anos de exercício na música, sem ser muito autobiográfico, e mesmo assim colocar alguns dos pontos altos da carreira, mas vamos lá! Como bem disse o maestro Lincoln Olivetti, eu sou um "Vamolista"! Na época levei algum tempo para compreender o termo, mas são aquelas pessoas que dizem: Vamos Lá! Ele ainda completava que existiam os Agoravistas. Aqueles que dizem Agora Vai! Sujeito fora da média na música o nosso amado maestro Lincoln. Por ter sido brilhante, claro que tinha problemas por isto! Então, também por ser um esperançoso sou um Agoravista! Agora vai!

REALIDADE é aquilo que não pode voltar ao NADA!
Olavo de Carvalho

Salvo pelo Bonus

Vida em família no Brasil é cada vez mais um desafio, mas sempre será a base de tudo. Comigo não foi diferente. Eu pescava desde cedo em frente de casa na Lagoa Rodrigo de Freitas. Era bom e sempre aprendia muito com os pescadores experientes que usavam as bolas de lodo para chamar o peixe. Incrível o conhecimento deles... Meus peixes preferidos eram o Mama-Rei, o Caraúna (Acará) e o barrigudinho. Na realidade comecei com o barrigudinho, o Gope, mas logo queria pegar o Caraúna azulado que é duro pra tirar da água. Brigava muito e demorava pra morder. Arrastava a isca lentamente e tinha o ponto de puxar enviesando a linha para fisgá-lo. Fiz uma criação deles no lago interno de casa. Um cardume lindo. Eles mudam de cor em comunidade, e costumam esverdear felizes.

Devia ter entre oito, nove anos de idade. Uma vez eu estava pescando na margem, absorto, quando dois moleques passaram e furtaram minha vara de pesca, iscas, anzóis, camisa, e saíram correndo... Voltei pra casa chorando e sem querer meu pai viu e não gostou. Ele era rápido. Correu atrás dos moleques alcançou um deles e trouxe minha vara de pescar de volta. O moleque ganhou um galo. Um cascudo do meu pai doía muito...

Em frente de casa na outra margem tinha aquela favela grande chamada de Catacumba. Logo depois do corte do Cantagalo. Lembro que o lugar era feio e a estrada enlameada. Anos mais tarde ela foi removida. Foi um assunto grande. Jango, Juscelino e Jânio, tudo com Jota me divertia, e eram os nomes que eu ouvia naquela época, depois ouvi Flexa Ribeiro, Carlos Lacerda, e começou a ficar chato de tanto que falavam... Amaral Neto ainda se safava porque visitou uns lugares incríveis no Brasil, que apareciam na TV em preto e branco, e que eu queria conhecer.

Pedra Pintada foi um desses lugares incríveis que apareceram e pude conhecer mais tarde.

Esta foto veio de um vídeo de reportagem naquela época sacada de dentro da favela da Catacumba, e assinalei na outra margem onde era a casa de meus pais.

Eu já devia ter uns 12 anos de idade. Já tocava violão desde os sete, oito anos de idade, e parei de ouvir nomes de gente grande e surgiram nomes de gente especial vindas de meu tio. Tio Bona como chamávamos Luiz Bonfá, irmão super simpático de minha mãe. Nós o admirávamos muito. Estava sempre com uma namorada bonita dentro do carro Rabo-De-Peixe conversível, ou do vistoso Pontiac. Depois casou com outra mais bonita a Tia Nely. Depois namorou outra bonita também Maria Helena, o cara era boa pinta, bom de papo, e tocava um violão que saíam sons mágicos.

Salvo pelo Bonus

A estrada era a rua que saía lá de casa, na verdade era a Avenida Epitácio Pessoa e a tal estrada seguia para a Fonte da Saudade passando pela Catacumba, e pela perigosa curva do Calombo. Sim, tinha um calombo bem na curva contrariando a lógica de quem dirigia. Acidentes de carro ali eram frequentes.

Meu pai Egberto Moreira Penido Burnier era médico. Nascido em Pirapora – MG, onde a família estivera quando moramos algum tempo em Paracatu – MG. Foi criado no Rio de Janeiro. Médico viaja muito... O cardiologista Dr. Fabiano Barcellos meu colega de marketing de rede fala bem isto: A cada plantão mais longe se ganha melhor, mas sacrifica-se a qualidade de vida. Os dois ou três empregos de meu pai mantinham-no muito ocupado e por muito tempo longe de casa, mas sempre que podíamos jogávamos bola, e conversávamos bem em conversas pontuais rápidas. Eu o admirava muito. Sabia consertar tudo. Mexia bem com eletricidade, levava choques pra descobrir o lado positivo, abria aparelhos... Fechava e estava pronto. Eu me divertia tudo vendo. Motor de carro também. Tinha uma Kombi barulhenta pra ir à casa de campo em Teresópolis, viajávamos sozinhos de vez em quando e eu era o copiloto. Tinha outro carro pra passear com minha mãe Laïs Bonfá Burnier e nós três, os filhos.

Tio Bona fez de nós um trio vocal muito divertido, passava as vozes e abríamos acordes bonitos. Laura ficava com dor de cabeça de tanto oxigenar cantando... Os ensaios do trio terminaram bem por causa disto.

Eu já estava tocando o violão e descobri que um vizinho também tocava. Era o Fernando Amalio da Silva "o China".

Laura Margarida, Sonia Maria e Luiz Octavio

Um irmão para mim que trouxe dois outros irmãos o Zé Luizinho e o Carlos Alberto, que tinha um amigo simpático com o nome de Casado. O papo dos mais velhos eram os lances da época, as paqueras, as conquistas frias. Fernando e eu nos desenvolvíamos no violão e nas artes marciais. Fernando tocava bem e nos incentivávamos nas execuções das composições. Ele depois fez karatê no Tanaka e eu pratiquei judô na academia Brito. Subia a esquina da Rua Montenegro (hoje Rua Vinícius de Morais) e virava à esquerda na Rua Barão da Torre do meu colégio Brasileiro de Almeida e seguia em frente até chegar à academia...

Seguia conhecendo lugares novos...

Ainda muito jovem com o meu amado Dr. Egberto que me levou algumas vezes aos hospitais como acompanhante/visitante, mais do que outros conheci o Instituto

Nacional do Câncer (INCRA), que ele ajudou a fundar. Ele acostumava-me a alguns ambientes hospitalares e me colocava em algumas tarefas na administração. Do tipo:

- Leva este formulário para o quinto andar e traga-o de volta com o carimbo.

Eu ia e voltava rápido pela escada grande, divertia-me, conversava com as pessoas num ambiente colaborativo. A rotina de meu pai era dura e a responsabilidade enorme. Vidas em suas mãos. Mais tarde, lá pelos 20 anos já participava de cirurgias com suas instruções. Dureza. Ele me treinava para a medicina cirúrgica...

Conheci a sociedade do Rio de Janeiro através do colégio, e de alguns poucos amigos, naquele reboliço dos anos 60/70, que é comum aos jovens. Festas, músicas, passeios à Paquetá, à casa dos amigos na Serra de Petrópolis e Teresópolis.

O Pai deu um carro de presente para a mãe. Era um Gordini bonito cinza-chumbo. Ela guiava bem, mas a curva do Calombo acabou com ele, e quase nos levou para o céu antes do tempo. As marcas no poste de luz ainda estão lá. O carro era de passeio e frágil para aquela época de carros pesados como tanques... Mas a batida foi forte. O para-sol furou a testa da mãe e o volante, que também quebrou, e lhe quebrou três costelas. Eu fiquei com o para-brisa. Tirei-o violentamente com a testa, que ganhou um super galo e desmaiei. De cima do prédio uma família viu tudo e saiu em nosso socorro. A mãe nas ferragens e o filho desacordado

Para alegria dos meus pais eu acordei. Lembro que lia muitas histórias de vikings e pensei que estivesse no valhalla quando acordei no colo de uma salvadora loura espetacular. Olhei toda a cena com curiosidade e tontura. Fiquei com a mãe em observação direta do pai e três meses depois a vida voltou ao normal.

Comecei cedo na música e nas pesquisas sonoras. Na casa de meus pais às margens da lagoa Rodrigo de Freitas, na Avenida Epitácio Pessoa, 770 quase esquina com a Rua Montenegro, em Ipanema - RJ tinha muito espaço. O tio Bona sempre nos visitava e nos exercitava na música.

Festival do Amazonas. Manaus – AM. Única apresentação do trio, Sônia, Laura e eu. Ali atrás a esquerda está meu grande e saudoso amigo Nicolau Murno (Sg.CIGS).

Certa vez terminando um exercício de harmonização com Laura e Sônia, fiquei intrigado com o efeito que Laura apresentou. Teve uma dor de cabeça logo depois do ensaio. O cantor oxigena muito e isto funciona como vasodilatador, em outras palavras há muito mais volume de sangue nos vasos e veias.

O diafragma é o controlador da pressão nas cordas vocais para o canto, isto afeta a circulação geral, e o efeito do grande volume sanguíneo concentrado no cérebro dói! Esta foi uma boa observação de início. Como filho de médico não tive como escapar de investigar os porquês de alguns efeitos como este no corpo quando no exercício da música.

Avançando na música, depois que conheci Lucinha Lins, uma diva cantando, irmãos, amigos, e Ivan Lins nas férias escolares em Teresópolis, de repente eu conheci o M.A.U. (Movimento Artístico Universitário). Uma noite eu estava lá na Rua Jaceguai, 27, no Andaraí, na casa do Dr. Aloísio Porto Carreiro conhecendo aqueles que seriam uma força tarefa da renovação musical nas próximas décadas. Artistas incríveis que todas as segundas à noite estavam ali tocando, estudando, trocando ideias, e eu tinha de inventar algumas desculpas por chegar tarde a casa. A família se preocupava por eu ser muito jovem, claro. Estabeleciam horários e eu os cumpria.

Tínhamos dois irmãos na família que não apareciam muito, mas eram muito queridos por nós. Verinha (Vera Maria) Betos (Egberto Luiz). Ambos do primeiro casamento de meu pai que era viúvo quando se casou com a mãe Laïs.

Anos mais tarde frente a frente com o vestibular de medicina, que teria agradado muito ao meu pai, pois meu irmão Betos não correspondeu a esta lacuna educacional nos desejos dele... Dava vontade de fazer tudo ao mesmo tempo... Mesmo assim tive de optar, e o fiz pela área humana em Comunicação Social. Passei também em Direito, mas não cursei... Direito autoral era igualmente parte do meu interesse na música, que descobri desde cedo que iria seguir como carreira. Durante o estudo para cursar medicina, meu professor informal de química inorgânica foi Ivan Lins. Tocávamos mais do que eu realmente estudávamos a tabela periódica...

As charmosas do colégio São Fernando com Raul Mascarenhas, eu, e Nanni visitando a Ilha de Paquetá.

Tudo ia acontecendo ao mesmo tempo, estudos formais e música. Aos 16/17 anos entrei no estúdio pela segunda vez para gravar uma música que havia enviado para a produção musical da TV Globo, e a escolheram para o tema de Tarcísio Meira e Glória Menezes em "O Homem Que Deve Morrer". A gravação foi no estúdio Haras, na lapa. Na rua por detrás da Sala Cecília Meirelles. Caramba! Quem estava na técnica como Produtor? Roberto Menescal. E a assistência de produção era de Nonato Buzar. Muitos anos mais tarde nós escrevemos uma música Nonato e eu: "Liberdade para o Baixo" ainda inédita. Fiquei encantado com todo o ambiente. Os músicos que tocavam comigo na sessão eram nada mais nada menos que Luizão Maia no contrabaixo, José Roberto Bertrami, que depois com Alexandre Malheiros e Ivan Conti formariam o Azimuth, no órgão e Paulo Braga na bateria. Monstros sagrados para mim todos eles. Conhecia todos pelos discos e aos poucos os ia conhecendo cada um pessoalmente ao longo do caminho.

Antes disto com Luiz Bonfá conheci Tom Jobim em sua casa no Jardim Botânico, com aquela flauta em Sol (G) bem em cima do piano. Ele soprou para nós... Mais tarde estudei flauta por causa disto. Tinha de ser em Sol. Uma sonoridade densa. Conheci Nana Vasconcelos, Guto Graça Melo num ensaio na casa do maestro Luiz Eça no Leblon. Vinícius de Morais nós o visitamos em casa. Uma mulher bonita nos atendeu na porta de entrada, acho que era a Suzana sua filha.

- Meu pai está no banheiro. Disse ela.

- Bem neste caso esperamos. Disse meu tio.

- Meu pai os receberá lá.

Uau! Achei estranho, e lá fomos nós. Vinícius passava muito tempo na banheira com um travessão que sustentava um livro e um copo de uísque. Daí, ele fez um sinal de bem-vindos e Luiz sentou-se na privada e eu no bidê. Incrível. Tanto da casa de Tom quanto na de Vinícius não me lembro de qualquer diálogo. Acredito que eu absorvia as atmosferas artísticas. Não reencontrei com Vinícius, mas com Tom algumas vezes no Leblon. Ele era carinhoso e sempre se lembrava de mim, e eu o abraçava.

Através de Ivan Lins conheci e fizemos uma parceria com Paulinho Tapajós na música "Baby Blue", e fui conhecendo gente incrível no meio todo. Veio o festival Universitário no Cassino da Urca. Conheci o Adonis Karan que organizava o show dos participantes. O M.A.U., que eu já conhecia estava lá em peso. Gonzaguinha, Aldir Blanc, Lucinha

Lins, Cezar Costa Filho, Sidney Mattos, Silvio da Silva Jr., Ronaldo Monteiro de Souza, outros craques, e mais: Quarteto vocal 004 do Eduardo Athayde, com quem fiz mais tarde duas bonitas músicas ainda originais, e Raymundo Bittencourt do quarteto vocal "O Grupo" que era produtor de discos na RCA Victor e me convidou depois para formação do grupo Brasil Aquarius, dentre muitos outros artistas...

Aos 19 anos surgiu através do Brasil Aquarius o contrato para atuar na Espanha. Pedi permissão à família, que concordou com o prazo de contrato de um ano e segui com o conjunto para a estada anual espanhola onde atuamos na cave MIX de Luís Sardá, um Club de jazz logo abaixo do Winter Center S.A. na Plaza Calvo Sotelo em Barcelona. Um episódio atrás do outro em grandes encontros musicais e extensão por dois anos de estadia. A formação original era Raymundo na Bateria, Walmer Sendin no contrabaixo, Rubens Serrano no vibrafone e violão, Leonardo Luz no piano e Luiz Antônio a frente no canto e eu na guitarra elétrica. Gravamos um disco Brasil Aquarius y Luis Antônio.

Tocamos com Illinois Jacquet, Art Farmer, Ed Kleiger, e conhecemos músicos e compositores incríveis como Tete Monteliu, Moncho, Juan Manuel Serrat e outros. Anos depois escrevi um arranjo para a cantora espanhola Ana Belém que gravava com a participação de Chico Buarque. Na época eu ouvia de tudo e principalmente música de violão. Manitas de Plata, e Paco de Lucia que despontavam como violonistas na época.

Eu só percebi que existia prazo de estadia quando houve uma batida da imigração e o conjunto se baratinou. Fomos para o Principado de Andorra e carimbamos o passaporte para voltar, mas antes do grupo se dissolver, houve uma remontagem com um baterista que veio da África do Sul... O grupo do baterista Ronnie Mesquita também sofreu o mesmo com a imigração e Rolando Faria com Luiz Antonio mais tarde na França estreariam os Les Etoiles. Por fim terminou. Alguns ficaram na Espanha definitivamente, e eu porque não queria ainda voltar busquei uma oportunidade no jornal. Opa! Pediam um teste para "un guitarrista para una gira por El norte". Então fui, toquei no teste tudo que sabia e o diretor disse: Poxa! Só precisamos de alguns acordes! Fui contratado e me engajei na trupe da Companhia de Teatro de Manuel Collado. Nossa estrela eram Nuria Torray e Carlos Casaravilla. O nome da peça que rodaria todo o norte da Espanha por seis meses, e acabou por ir também por oportunidade do frentista para uma apresentação em Portugal, em Lisboa era "Mirandolina En Su Posada Hace Lo Que Le Dá La Gana" uma comédia italiana de Goldoni. Eram tarantelas para cá e para lá... Anos depois escrevi uma música "Mirandolina".

 Na peça eu vestia para o palco uma roupa medieval para tocar as tarantelas. Acho que nem deixei que fotografassem por vergonha, serio! A parte boa da viagem é que namorei uma das atrizes, e em Bilbao conheci numa cave de jazz o pianista Gilson Peranzetta. Depois gravamos no Brasil muitas vezes.

Antes de o Brasil Aquarius terminar fizemos gravação de um disco pela Ariola Eurodisc em Barcelona, que tempos depois virou um clássico para os jazzófilos na Europa. Nesta estadia foi que surgiu a ideia para a dupla Burnier & Cartier.

A ideia por detrás de Burnier & Cartier não foi totalmente espontânea. Ao progredirem as gravações comecei a ter conhecimento do espectro panorâmico, dos planos, da varredura de frequências e da relação sinal/ruído, daí num tal ponto imaginei os dois violões nisto tudo. O resultado, o impacto, as vozes. Isto tudo era muito complementar e suscitava um desenvolvimento que não havia sido feito antes na música popular como correspondesse fazer. Estava mesmo interessado em atingir outro padrão popular que chegasse até a música incidental por efeito. Claro que até hoje mesmo não estudei tudo o que deveria. Só o manual de harmônicos, na verdade um tratado tem quase oito centímetros de espessura.

Desde a Espanha escrevi para o Claudio Cartier, que já tinha conhecido no M.A.U., era um irmão para mim, e também era um dos caçulas do movimento musical... E ficamos de nos encontrar quando eu voltasse ao Rio de Janeiro. Na volta mostrei a ideia, ele gostou e começamos a estudar um repertório autoral, efeitos, tudo num laboratório montado na sala de casa, e também na sala da casa dos pais dele, e nos lugares que íamos ao final de semana. Família adorável a do Claudio. Seu pai Rui, mãe Dona Lina, irmão Ivan, e sua namorada Elisa Lemme.

De alguma forma, não lembro bem, mas talvez tenha sido um presente de meu pai um equipamento de palco Shure, com microfones semiduros para voz SM58 primeira geração, que chegou de navio dos Estados Unidos, e tampouco lembro como foi que apareceu o cantor Orlandivo nisto tudo, Eu já o admirava por seu grande talento e simpatia, e foi ele quem ajudou a desvencilhar os tramites para a retirada do material no porto. Mas lembro-me bem que foi uma festa comemorada. Estudávamos emissões já em dueto com ele. Então, nas apresentações sabíamos como lidar bem com a dinâmica das emissões, e o resultado era sempre espetacular.

A gravação do primeiro LP aconteceu pela RCA Victor com produção impecável de Raymundo Bittencourt. Laércio (TIO) de Freitas, Alberto Arantes, Hugo Bellard foram os arranjadores convidados. Tive o prazer de colocar meu amigo de colégio no naipe de metais, Raul Mascarenhas, que era filho da cantora Carminha Mascarenhas de quem eu ouvia nos discos.

Marcante para mim com o duo Burnier e Cartier foi fazer um recital histórico no MAM do Rio de Janeiro. Na plateia estavam Milton Nascimento, Guto graça Mello, Alceu Valença, e outros colegas e músicos importantes da cena nacional. O que eu não sabia é que Luiz Bonfá havia indicado para que também nos fosse ouvir ali o gigante do Jazz australiano Sir Don Burrows.

Dr. Egberto, eu, Laura, D. Laïs. Sonia estava a caminho. Tio Bona.
Estávamos lançando um disco muito especial gravado pela EMI,

Bem, "Ficaram Nus" uma das maiores vaias do Festival Abertura tocava muito no rádio, e estava incrivelmente puxando tudo, o primeiro LP na RCA e o LP do Festival vindo da Som Livre. A direção de estúdio do LP era do antigo colega de colégio Eduardo Souto Neto, que escreveu alguns belos arranjos, e Cartier e eu concluímos. Tivemos ali músicos excepcionais inclusive os saudosos Hélcio milito e outro gênio da percussão Pedro Sorongo, Marcio Mallard era o spalla do quarteto de cordas. No recital a formação mudou para se adequar, mas estava errado mercadologicamente falando. O disco tem de soar igual ao show, e vice-versa como se sabe. Mas isto gerava ainda mais curiosidade, pois esta variedade sempre acontecia e surpreendia o público. O trabalho de reescrever tudo a cada nova apresentação dentro da mesma temporada, e ensaiar são insanos, mas vale a pena. Então, estava ali no palco um quarteto de flautas liderados pelo depois sinfônico Paulo Guimarães, e também nas flautas Mauro Senise, Dirceu Leite e Felipe Neiva, que anos mais tarde reencontrei na segunda visita aos Estados Unidos, minha irmã Sônia Burnier como voz solo. O recital musicalmente eu posso dizer que foi muito bem preparado, entretanto administrativamente...

Não sei por que cargas d'água um sujeito chamado João Magalhães apareceu para coordenar toda a apresentação Como me lembro, foram duas noites de espetáculo e estava cheio de gente. O resultado da bilheteria foi recolhido pelo empresário que sumiu com todo o dinheiro. Aqui está uma mostra elucidativa de como funcionava naquela época o universo profissional da música. Um reflexo condicionado da sempre premissa de roubo que temos no Brasil. Estávamos na EMI, mas o duo Burnier & Cartier estava vindo de um contrato da RCA, onde circulavam produtores, empresários, jornalistas e artistas. Os Srs; Raymundo Bittencourt, Manolo, Sergio Cabral, Marku Ribas, Nelson Gonçalves... O tal do João deve ter vindo daqueles conhecimentos ali. A gente muitas vezes não tinha garantias escritas para os concertos e lembro que Mauro Senise foi o único que o encontrou depois. Ameaçou e conseguiu pegar seu cachê de volta, porque o empresário fugiu, e ninguém conseguiu mais encontrá-lo. Desistimos do dinheiro. Tínhamos muito trabalho para ficar fazendo papel de polícia. E por que é que não fomos à polícia? Caramba! Ninguém pensou nisto!

Por outro lado, o gigante do jazz australiano Sir Don Burrows nos ver ali foi preponderante para a tournée na Austrália na virada do ano seguinte 1980. Depois do concerto no MAM o conheci rapidamente acho que foi na casa de Luiz aos pés da Pedra da Gávea na parte alta do Largo da Barra. Ali moravam muitos artistas. O pintor Rubens Gerchman morava em frente ao Luiz Bonfá. Então, meses mais tarde viria o convite oficial através do Itamaraty partindo de Don Burrows, que fez uma aplicação para a nossa visita à Austrália. O convite foi profissional, o Itamaraty nos chamou e conhecemos todo o programa onde também o governo brasileiro tinha interesse em lançar produtos naquele mercado. Lá havia uma feira de produtos brasileiros dentro desse espectro todo, e eles rapidamente usaram-nos também como outra ponta de lança no comércio para os produtos. A produção do evento fez uma campanha nacional e ficamos muito conhecidos no país. Conhecemos o Cônsul Geral do Brasil na Austrália Sr. Afonso Santos, o Sub-Cônsul seu irmão e esposa em Camberra. Falávamos-nos constantemente.

Em Camberra durante a tournée saímos para tirar fotos antes do almoço na embaixada e fomos presos atrás da embaixada do Japão. De repente dois carros com sirenes e luzes saíram e nos fecharam na estrada. Estávamos os três a pé, a filha do embaixador, Cartier, e eu, aonde vínhamos apreciando a caminhada, e sacando fotos... Pensaram que estávamos fotografando as embaixadas... Quando mencionamos o concerto que ia acontecer à noite os policiais nos reconheceram e reverenciaram. Levaram-nos no carro para a embaixada e todos nos divertimos muito com a aventura.

Na viagem de ida fizemos um trajeto incompreensível, pois fomos pelo oceano Pacífico e paramos em Hollywood passando por Caracas na Venezuela. Caramba! A Austrália é do outro lado! O caminho natural seria pelo Atlântico. Eu estava tonto. Voamos então em cima da Nova Zelândia e paramos também ali rapidamente. Ao chegar a Sydney, já no aeroporto recebeu-nos a direção do espetáculo, a agencia de publicidade e a gravadora Cherry Pie Records e recebemos uma agenda toda preenchida.

Seguimos direto para a agência que cuidava da campanha dos concertos. Um retrato de tamanho natural da dupla estava bem na entrada. Surreal. Conversamos ali e fomos para o ensaio, que já estava marcado para horas depois da chegada, no rehearsal hall do Sydney Opera House. Tão logo chegamos à agência nos reunimos em uma mesa grande e tinha um comes e bebes lá onde a gente estava conversando, num determinado momento alguém falou que iríamos sair dali para o ensaio antes de irmos pro hotel, então me lembrei de que não havia pego o violão na esteira de bagagens. Os caras saltaram na cadeira. O gigante simpático Graham Rule pediu que alguém voltasse urgente ao aeroporto para ver se ainda resgatava o violão antes dele seguir viagem para outro lugar.

Felizmente deu tudo certo, mas por causa disso eu fui gozado o tempo inteiro durante as viagens. Sempre tinha um engraçadinho que perguntava sobre o violão. Merecido. Gravamos um LP duplo ao vivo com base no concerto do Sydney Opera House.

Antes de a tournée acabar, fomos convidados para um workshop para cinquenta profissionais na The Academy of The Guitar em Sydney. O tipo de composição que fazíamos precisava ser mais explicado e foi muito interessante conhecer esta visão da música que não fazia parte do interesse cultural, e que ainda não é bem desenvolvido no Brasil.

Don Burrows, George Golla, Sydney String Quartet, Burnier e Cartier no Sydney Opera House – Australia

A dupla durou cinco anos de muito trabalho e conhecimento. Lamentavelmente a nossa imaturidade profissional não teve a aceitação mercadológica de um visionário para assegurar uma carreira duradoura à dupla, que depois da tournée australiana terminou. Deixamos quatro álbuns muito bem produzidos. Um LP na RCA Victor, outro na EMI Odeon, graças a indicação de Milton Nascimento, de quem éramos fãs, e o terceiro um álbum foi duplo Lp na australiana Cherry Pie Records gravado ao vivo durante os concertos com Don Burrows, George Golla e o Sydney String Quartet no Sydney Opera House.

Assim sendo tive de voltar ao meu pseudônimo artístico original, com o qual eu comecei na Som Livre de João Araújo

"Otavinho Bonfá". Burnier também foi meu nome conhecido durante os estudos até a faculdade. Fiz uma consulta numerológica profissional, e daí o nome artístico ficou Tavynho Bonfa. Perdi com isto muito da referência com os colegas e amigos, os quais foram redescobrindo ao longo desses agora quase vinte anos da mudança. Claro que estranharam. Até o próprio tio Bona não gostou dizendo que ia parecer que eu era filho dele, que eu era filho do meu pai Egberto Burnier, portanto, blá blá blá... Um belo dia toca o telefone e era o Ed Motta.

- Tavynho você é que é o Burnier? Cara eu te amo desde a dupla! Rimos muito!

Ed Motta e eu no estúdio do Jardim Botânico.

De fato fiz muitas mudanças de pseudônimo, que foi bem pela minha divisão entre a medicina e a música, entre o Burnier e o Bonfá até que fixei a mais de vinte anos em Tavynho Bonfá como tenho sido conhecido desde então.

Toca a buzina antiga "Ahooga horn" lá fora e era aquela alegria em casa! O tio Bona estava chegando!

Luiz Bonfá já era um grande nome na música quando eu nasci. Radio Nacional, Orfeu Negro, Carnegie Hall, e histórias incríveis que ele contava pra nós! Com uma boa dose de tocar violão é claro! Na casa de meus pais tinha um piano de cauda muito bonito com a boa alma Petrof onde minha mãe estudou com o maestro Severino Filho enquanto estava grávida. Eu já estaria ouvindo tudo aquilo... Uma vez me peguei debaixo do piano ouvindo em segundo plano o violão de Bonfá enquanto o maestro João Donato ensaiava com ele as harmonias, e fiquei maluco com aquela vibração toda!

Agostinho dos Santos e Luiz Bonfá no Carnegie Hall – NY Estados Unidos da América do Norte.

Um volume sonoro comparável a sentar-se no meio da orquestra. E ele usava bem os pedais para excitar ainda mais os ligados em algumas passagens longas, incrível! Naquela época eu estava sendo educado como todo mundo. A exaustão no colégio, pressão em casa... Desde cedo vi como era difícil estar adaptado nesta vida. Nem precisava tanto... Pra falar a verdade ainda acho assim. A premissa de amigos, amigos. Negócios à parte. É o conceito mais complicado do desenvolvimento pessoal, e que geralmente os pais passam mas não explicam. Foi igual comigo.

O primeiro gravador que conheci foi o Grundig, 1/4 de polegada que gravava em mono. Acho que foi presente de meu pai. Era gravar solo e nada mais. As primeiras gravações vieram aos oito, nove anos de idade. Compus a primeira música que se chamou "Menino Bamba". Bamba era o nome do tênis da época, que também era uma gíria para algo muito bom.

Luiz Bonfá

A letra da música era infantil, claro, mas o importante é que a música era original. Estudei muito minha técnica no violão através de gravá-la e aperfeiçoá-la através das gravações. Desde o começo fiquei encantado em poder registrar os avanços musicais.

O conceito de música original, proteção aos direitos autorais e sua importância me chegaram desde cedo através de Luiz Bonfá. Conversávamos muito sobre isto e anos mais tarde entre dezessete e dezenove anos ele me presenteou livros do assunto. O This Business of Music dos TOPS advogados papas no assunto Shemel & Krazilovsky, e para a orquestração o do genial Henry Mancini, estudava a música em si. Em Nova Iorque comprei um livro do Gordon Delamonte e segui estudando orquestração. Este também era um dos segredos da escola violonista secreta do tio Bona: A música como um todo é um vasto assunto a ser constantemente atualizado, mas que tem várias premissas e disciplinas bem definidas e fundamentadas.

Mais tarde quando comecei a gravar profissionalmente haviam do meu conhecimento os seguintes estúdios: Dois no Catete/Lapa. O que gravei pela segunda vez foram o Haras, e o do Ed Lincoln, que gravei anos mais tarde. No Centro perto da Estação Central tinha o estúdio que gravei pela primeira vez e penso que a gravação foi em cera... Também tinha o da CBS onde gravavam o Raul Seixas e o Roberto Carlos. Ficava perto dos Bombeiros na Praça da República. Depois gravei lá com o grupo Brasil Aquarius, aliais um disco que nunca foi lançado e penso ainda ter esta fita em algum lugar...

Minha primeira gravação em estúdio foi um desastre!

Acho que tinha dezesseis anos quando era aluno do maestro Luiz Claudio Ramos. Estudava técnica musical e harmonia.

Aconteceu assim: Um belo dia, depois da aula ele me falou, que iria ter uma gravação e que teria duas guitarras na formação... Deve ter havido uma abertura, não lembro bem, mas sinalizei que queria participar, e lá encontrei o mestre Luiz Claudio. O estúdio era o do Centro, Musidisc? Não lembro o nome, mas era perto da Central do Brasil mais para a Avenida Rio Branco... Gravar com uma orquestra nem me passava pela cabeça, era uma emoção enorme! Acontece que eu tocava bem, mas tinha dificuldades de leitura para estabelecer a junção prática do que eu tocava com o que lia propriamente, mas com o mestre bem ao lado, imaginei, se problemas houvesse uma consulta no dicionário humano ao lado resolveria tudo. Picas! Como diria meu pai. Nem sabia o que iria encontrar. Foi quando entrei no estúdio é que o vi o tamanho da encrenca em que eu havia me metido.

Eu era um aluno razoavelmente aplicado, e já possuía um bom desenvolvimento técnico, mas não agrupava muito bem a escrita com a técnica. Luiz Claudio sempre muito gentil me fez o anúncio da gravação eu fui afoito, e me prontifiquei a tocar a segunda guitarra. Estava animado! O maestro, penso que foi Mario Tavares. Tão logo aquele sensacional barulho de afinação passara iniciaram-se as passagens de leitura das partes. Maravilhoso...

Eram dezesseis primeiros violinos, oito segundos violinos, quatro violoncelos, dois contrabaixos, quatro trompetes, quatro trombones, oito saxofones, duas flautas (Copinha amigo do tio Bona era um deles), base de piano, baixo, bateria, e nós, Luiz Claudio na primeira e eu na segunda guitarra.

Olhei minha partitura e vi notações que nunca tinha visto antes. Consultei rapidamente o Luiz Claudio e tirei as dúvidas. Chegou a hora da contagem do maestro. Incrível! Na passagem não deu para verificar umas dificuldades que eu apresentava, e lá fomos

nós para a gravação. O estúdio era enorme. Lembro-me de ter visto o garoto no aquário do estúdio colocando aquela rodela grande do disco de cera, posicionando a agulha, que mais parecia um prego, e levantar a mão com um gesto positivo para o maestro...
O maestro ergue o braço e conta em silêncio um compasso fora.
1, 2, 3, 4 e os primeiros movimentos da introdução em oito compassos aparecem em seguida e surge a melodia...
O maestro está bem próximo, estamos na primeira linha de instrumentos. Foi-se a primeira folha, entra na segunda, e no meio tem um fraseado nas guitarras... E... Pim pim pim...
O maestro ergueu a mão e exclamou:

- Para, para!

Um silêncio que não está escrito toma conta do ambiente.
Vejo o garoto no aquário do estúdio colhendo a bolacha, quebra-a no joelho e atira os pedaços na lata do lixo...
O maestro virando-se para mim disse:

- O garoto algum problema?

- Maestro tem um acorde aqui... Baixinho consultei ao Luiz Claudio que sussurrou:

- É aquele lá menor que você conhece e as notas da frase são estas...

- Tudo bem maestro, desculpa.

O maestro virou a folha da grade e olhou para a orquestra...
No canto do olho, vejo o garoto no aquário do estúdio colocando um novo grande disco no prato, posicionou a agulha, e levantou a mão com um gesto positivo para o maestro...

Estou nervoso, mas atento a tudo. O regente pede silêncio, ergue o braço e vem a nova contagem silenciosa. 1, 2, 3, 4 Os primeiros movimentos da introdução e surge a melodia... Eu olho pro Luiz Claudio e ele está seriíssimo. Foi-se a primeira folha, entra a segunda, aí vem o fraseado das guitarras... E... Pim pim pim...
O maestro ergue a mão e exclama:

- Para, para!

Um silêncio e algum vozerio toma o ambiente.
O garoto da técnica pula na bolacha, quebra e joga.
O maestro vira para mim e diz:

- Ô garoto algum problema?

- Maestro tem o fraseado... Baixinho consulto ao Luiz Claudio que sussurra mais uma vez:

- Olha as notas da frase... E sola algumas notas para mim...

- Tudo bem maestro, desculpa.

Virou a folha da grade olhando direto para mim, vira para a orquestra... De esguelha, vejo o garoto no aquário colocar um novo discão no prato, posiciona a agulha, e levanta a mão com um gesto positivo para o maestro...
Estou bem nervoso e não vejo outra coisa senão a partitura. O regente ergue a mão e lá vem uma nova contagem. 1, 2, 3, 4 A introdução termina e vem a melodia... Eu estou só com minha folha. Foi-se a primeira, entra a segunda, aí vem o fraseado... E... Pim pim pim... O maestro ergue a mão e exclama:

- Para, para!

Silêncio e espanto geral! Afinal todos ali exceto eu eram professores experimentados...
O garoto da técnica sumiu.
O maestro vira-se e diz:

- Garoto, por favor, queira retirar-se do estúdio. Precisamos terminar o trabalho.

Acabou! Estava em choque. Caramba, e como teria ficado o Luiz Claudio?

Guardei a guitarra e em silêncio saí do estúdio. Não me lembro de mais nada depois disso, somente que ao chegar a casa me tranquei no quarto. Maneira de dizer passei dois anos estudando sem parar... Quando saí estava pronto para qualquer gravação.

Regência na orquestra da TV Globo – Novela com direção de Herval Rossano.

A música "A Vida Não Pode Parar" foi tema de final de ano da TV Globo durante três anos. Foi gravada pelo irmão de Fábio Jr.. Também uma grande voz: Heraldo. Ainda no Centro do Rio de Janeiro havia o estúdio da Odeon (depois EMI) com produtores como Milton Miranda, Mariozinho Rocha, onde gravavam Milton Nascimento e o Som Imaginário, Egberto Gismonti e se não me falha a memória o Marcos Valle também. Sobre o Egberto, Luiz me falou uma vez: - Presta a atenção a este grande músico!

Era a nata da sabedoria musical popular do país na época. Gente que não tinha somente um talento extraordinário mais estudou muita música. E também havia o estúdio da Philips onde gravavam Ivan Lins e Gonzaga Jr. ali estava como produtor executivo o Paulinho Tapajós, e logo depois nós três formamos uma "triceria" (Baby Blue), que Ivan gravou a composição em seu disco de estreia.

O primeiro disco de Ivan Lins foi o "Agora". Foi um acontecimento marcante para todos que acompanhavam o M.A.U. Logo depois veio o convite para ele encabeçar como âncora o programa da TV Globo "Som Livre Exportação". Uma consagração da nova música.

Com minha primeira composição gravada foi a oportunidade certa, e conheci também na Phillips o editor musical Loureiro Neto, que reencontrei anos depois na U.B.C. (União Brasileira de Compositores) sob a presidência da Dra. Vanisa Santiago. E fazendo uma volta, mais tarde ambos os estúdios mudaram-se, EMI para Botafogo, e a Phillips que virou Phonogram foi para a Barra da Tijuca. Sob a presidência de Roberto Menescal conheci o grande produtor executivo de discos, o talentoso articulador Sérgio de Carvalho. Ali conheci técnicos da engenharia de som excelentes, como Luigi Hofner, Nestor Vittiriti, Freitas e gênios do administrativo como Chico Ribeiro, hoje na U.B.C.. Gente que mora no meu coração e não paga aluguel por isto, como se costuma dizer.

Receber os primeiros direitos autorais foi maravilhoso, porque eram as confirmações dos aprendizados recebidos do tio Bona se concretizando. Como fundamento: Era o dinheiro que pagavam os anos de estudo que eu havia feito antes, até chegar ao resultado daquela composição musical. Renda residual.

Então, lembro-me de ir ao escritório da Phillips e lá estava o sisudo diretor Sr. Loureiro Neto.
Eu estava cheio de boas ideias das conversas com meu tio no dia em que fui receber os primeiros direitos autorais, e arrisquei a pergunta:

- Loureiro será que interessa fazer com minhas composições um contrato de exclusividade com advance de royalties?

- Ô garoto quem você está pensando que é o Roberto Carlos?

Poxa, tinha me antecipado muito mesmo! Peguei aquele monte de dinheiro para os meus olhos, agradeci e saí. Para comemorar convidei meus amigos para tomar sorvete até não poder mais.

Na época do tio Bona seria o Ary Barroso na rádio Nacional, mas naquele tempo existiam os programas do Chacrinha,  o do Carlos Imperial, pouco antes o do Flavio Cavalcanti, que das TVs eram os lançadores de artistas no mercado tradicional.
No rádio estavam o Adelson Alves, e José Messias meu parceiro saudoso na música "Festa Manifesta".

Grandes nomes da rádio Mundial como o Big Boy, mais tarde Amaury Santos, que hoje com Adelson estão ambos na rádio Nacional. Na rádio Cidade conheci o Romilson Luiz, Cacá Carvalho, Márcio Seixas entre outros, alguns na Tupi, de quem não lembro agora, e em outras emissoras.

Cresci com uma ideia na cabeça de que a rádio era a casa dos artistas. Em parte era verdade.

Meu tio me levava sempre que podia para conhecer os compositores e estar nos programas que frequentava para estar nos ambientes da música.
Nesta época tio Bona morava na esquina de Montenegro com Prudente de Morais, onde seu amigo Baden Powell assobiava em baixo do prédio baixo quando iam conversar.

Amaury Santos acima, Cartier, Romilson Luiz e eu.

Quando ele me levou e conheci o Imperial ele apertou minha mão. Cheguei em casa olhando para ela. Minha mãe perguntou se eu havia me machucado e quando pediu que eu a lavasse. Falei:

- Não posso. Apertei a mão do Carlos Imperial.

O Gongo que substituí no título do livro neste contexto é uma referência assustadora. O que pior poderia acontecer naquela época a um artista era ser gongado por um apresentador de programa. Eu era bem o alvo do gongo neste aspecto pela música que abracei modo de dizer, pelo estilo de música popular que não abracei, uma vez que escolhi a música e não o estilo da música. A música evolui e não se fixa no estilo. Transcende ao estilo como bem explicou o jornalista Arnaldo De Solteiro. No mercado de discos sim, é o estilo que de certa forma predomina, por sua quantidade de vendas, etc... No quantitativo almejado em vendas de disco, daí vem o gongo. Passei anos escutando o que já foi escrito alguma vez:

- Ahhh você é músico, e qual é a sua profissão?

O mercado rotula desde aquela época nos anos 70/80 aos artistas que não vendem mais de dois mil discos de "Malditos". Isto porque a música de qualidade específica é como um produto exclusivo. Um universo de nicho. Pois bem, com 50 anos de música descobri que sou talhado para o marketing direto, de rede, ou marketing de indicação e de relacionamento como é também conhecido. A música é para todos como são os produtos exclusivos, mas como negócio é para o desenvolvimento de alguns e nem tanto para todos.

É do empreendedorismo no marketing de rede que vem o Bonus. O mesmo Bonus que buscou Ivon Curi com o lançamento da linha de fornos George Foreman que se conhece hoje. E do Guaravita lançado pelo compositor Prentice Teixeira. Estes foram os artistas que queriam e deram a volta por cima empreendendo por um estilo de vida melhor. Hoje estou no mesmo caminho. Longe de ser uma tarefa fácil é a certeza de se estar trabalhando para a construção do próprio sonho. Eu sou meu próprio patrão bem como continuo a ser como músico autônomo, mas ajudo outras pessoas de forma direta e pessoal a também possuírem uma segunda fonte de renda residual, como nos direitos autorais, a também construírem seus sonhos. Claro, ser o próprio patrão requer disciplina e para isto o trabalho em grupo vira uma família auxiliadora no desenvolvimento pessoal onde a competição é trocada pelo auxílio meritocrático. Ninguém puxa o tapete, não há política de avanço por competição é outro mundo onde o estudo e a leitura é o auxílio primordial.

Existe uma mudança de paradigma acontecendo na música, que poucos ainda estão visualizando. Para mim, ficou bem definido nesta última mudança de suporte físico para o "streaming" (arquivos acumulados em nuvens na internet), que aconteceu no Brasil entre 2001 e 2005. Em outras palavras percebi que a missão do artista como plano A seria preciso estar fundamentada em um plano B. Antes isto não era necessário. Hoje é fundamental estar amparado por um plano B sólido também para amparar a própria música. Como eu vejo e na medida do possível tenho alertado aos colegas, quem não atentar para isto estará arriscando seriamente o amor pela arte na música, e mesmo para o que amar fazer.

Numa analogia rápida em face da música no mercado tradicional, a música que funciona permeando tudo isto poderia ser nomeada como música em rede. Seria naquela época as reuniões como as da Jaceguai, 27, a dos outros saraus esporádicos, e hoje as apresentações em tempo real na internet. Dá para entender que sempre existiu um mercado tradicional e um mercado de rede. Hoje em dia isto está mais claro, e acontecendo com produtos e serviços além da música. Isto já aparece e vai aparecer ainda mais na medida em que for transformador na sociedade.

Nem tanto ainda para a música, mas para os produtos exclusivos, a eliminação do atravessador para a compra direta na indústria faz uma diferença não somente no orçamento familiar, mas recupera-se o investimento pela fidelização dos produtos e pela simples indicação obtendo a geração de Bonus da indústria. Isto é inovador e até antigo, mas pouco conhecido.

Isto na minha boca é o RESERVE. Estes 30ml me salvaram a vida. Aos 60 anos de idade eu não sabia que precisava demais de antioxidantes a 100% de teor ativo.

A música acompanha este movimento, mas ainda não se rotula como tal, ao passo que no mercado de produtos de antienvelhecimento, beleza, complemento alimentar, e ainda no mais moderno segmento com os produtos aliméticos (alimento+cosmético) está por assim dizer a todo o vapor!

Mais perto da música isto fica quando vemos dentro do contrato de distribuição da indústria de marketing de rede a renda residual, como no direito autoral. Sobre isto é até mais interessante que na música, pois o autor, neste caso o construtor de rede não precisa morrer e durante 75 anos depois de sua morte passar os direitos autorais para sucessores, filhos e netos (convenção de Berna - Suíça). Você escolhe como meta o patamar aonde quer chegar, por exemplo, um Diamante (media em Bonus de 2,6 milhões de reais por ano fora vendas diretas), e passa para os seus sucessores que seguirão daí para frente. Bem como Robert Kiyosaki, Eric Worre ou mesmo Donald Trump diriam, renda residual com baixo investimento inicial para realizar os sonhos que alguém possa ter no negócio é sem dúvida o melhor começo.

Que eu me lembre, só queria ficar mais velho quando tinha doze anos...

Sim, hoje desenvolvo o marketing de rede com a Jeunesse Global para deixar o legado proprietário para minha filha

"Pixinguinha", que vai compreender de maneira moderna o marketing de rede, e que com este saber imenso terá o suporte e conhecimento para seu desenvolvimento pessoal e profissional na vida adulta.

É o valor impagável e intangível que se ganha por desenvolver o marketing de rede. Por outro lado, com seus produtos inovadores a Jeunesse será em breve a número 1 em antienvelhecimento no mundo. Acontece que ela ajuda com a tecnologia de seus produtos a retardar o envelhecimento. São os cremes com duzentos fatores de crescimento de células-tronco adultas humanas.

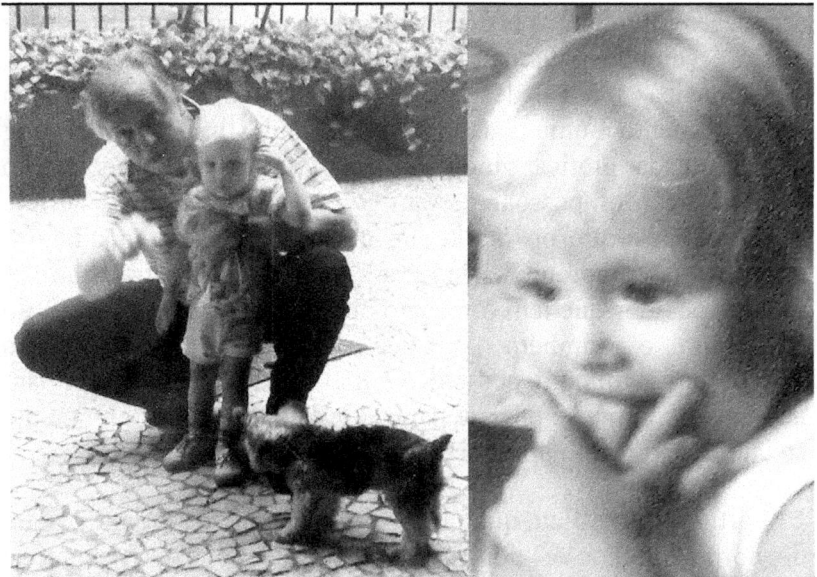

Pai, Pixinguinha, e o Marcio que era a mascote da casa.

Fora outros bons aspectos fenótipos ajudando pessoas, isto também ajudará a salvar vidas por evitarem complicações em mesas de cirurgia.

A cantora Clara Nunes, e o pianista Luís Carlos Vinhas, aos quais conheci pessoalmente morreram por complicações pós-cirúrgicas provindas de cirurgias plásticas reparadoras. A tecnologia foi criada há sete anos apenas e já é uma indústria gigante. Daqui para frente poderei responder à velha pergunta desta forma:

- Sou profissional do Marketing de Rede e a Música é o meu coração.

A música é um exercício de rotinas. Rotinas aplicadas como instrumentista, intérprete, solista e como orquestrador. Perde-se muita diversão enquanto se desenvolve o músico. Talvez porque a música tem esta particularidade de autodivertir, autodesenvolvimento. É fascinante. Aprende-se enquanto se faz e isto é verdadeiro também na atividade do marketing de rede. Na música cada descoberta harmônica, cada técnica no instrumento é uma chuva interior de endorfina. No marketing de rede cada prática vinda de técnica, cada reconhecimento e identificação pessoal geram o mesmo efeito benéfico. A diferença é que no marketing de rede você ganha dinheiro extra enquanto aprende. E no marketing de rede o trabalho em equipe, pessoas que tem o mesmo objetivo de mudança de estilo de vida é também o que norteia o seu avanço e o desenvolvimento pessoal. O mais interessante é que isto acontece sem que se precise parar o trabalho tradicional, que até se alimenta de tanto aprendizado e do dinheiro extra.

Um artista é um atleta que precisa cuidar mais da mente do que do corpo, melhor os dois é claro! Entretanto, o Artista pode se viciar pelo meio onde atua e pelo hábito de obter a endorfina. Conheci colegas que ficam muito ansiosos por estarem em um palco e ficam doentes quando isto não acontece. O que demonstra que antes de tudo já estão doentes... Entretanto, a visão do mercado profissional não é esta.

Nos anos 70/80 o desenvolvimento da música popular foi incrível e pude ver isto de perto.

A música tinha de ser sustentada como empresa e daí, surgiram "os malditos", os artistas que não correspondiam à quantidade de exemplares/metas de vendas das grandes gravadoras. Nem se ouviam falar das pequenas, como acontece até hoje. Eram e são de fato produtores independentes. Comecei a me dedicar aos arranjos e orquestrações, então escrevi arranjos para o tenor italiano Sérgio Endrigo, Quinteto Ternura, Fafá de Belém, Zizi Possi,

Beth Goulart, que é uma das vozes mais bonitas do teatro comparável as mais belas vozes como Marília Pêra e Bibi Ferreira à propósito.

Identifique Pery Ribeiro, Cláudia Telles, Chico Feitosa, Geraldo Carneiro, Felipe Cerquize, Tarik de Souza, Moska, Zé Renato e o saudoso Tibério Gaspar.

A geração de direitos autorais, a organização disto também cresceu. Nos suportes materiais da música... Da cera para o acetato, para o vinil, das bitolas de 1/4 para duas polegadas, das velocidades 15 RPM até 30 RPM, então, veio o digital. Foi quando em 2005 eu quebrei através do investimento em cinco produtos no suporte material foi a do CD para o streaming, este foi o motivo da quebradeira de muitos produtores independentes.

Voltando aos direitos autorais, naquela época existia o CNDA que evoluiu para o ECAD... Participei de algumas reuniões no MAM (Museu de Arte Moderna) antes de incendiar-se a sala onde nos reuníamos. Aparecia uma possível faceta política do M.A.U. Aldir Blanc, Gonzaguinha eu também os via nestas reuniões. Era época da revolução no final dos anos sessenta e talvez a tenham incendiado para nos deslocar de lá. Aqui no Brasil também há ataques de falsa bandeira... Lembra-se do caso do Riocentro? Naquela época havia shows grandes ali... Vi o ensaio da Elis Regina lá, que foi logo depois do Chico Buarque, onde eu estava na banda que o acompanhava. À noite tocamos para mais de dez mil pessoas.

Consequentemente surgiram estudos de ideias ulteriores com a música. Uma delas foi o Tripé da Felicidade. Isto aconteceu antes d'eu conhecer o excelente palestrante Maurício Patrocínio, uma das grandes pessoas inspiradas que conheci dentro do MKT de rede. Ainda nada conclusivo como estudo, mas o lado prático pode ser conhecido agora mesmo. Pilares em si mesmo: Tranquilidade, Equilíbrio e Domínio. A resultante disto é a Felicidade. Como compreendi praticando a meditação, observando e visualizando-se este tripé pode-se evoluir para a Felicidade. De fato, cada vez que experimento encontrar a Felicidade, a parte deficiente ou faltante no tripé se oculta. Até que em algum momento ressurge todo o tripé trazendo o equilíbrio pessoal. Experimente. Feche os olhos e veja. Quando estiver inquieto na próxima vez experimente de novo. Siga repetindo de tempos em tempos e verás.

Meu primeiro colégio foi o Mallet Soares em Copacabana. Foi muito bom, mas me lembro de pouca coisa, somente que larguei a chupeta ali. Fui desafiado por minha mãe e joguei com orgulho a chupeta e seu pano muxibento para fora pela janela do apartamento. Chorei bem a sua falta, mas passou.

Eu crescia expansivamente e meu pai me colocou nas artes marciais como uma ferramenta de disciplina e desenvolvimento pessoal. É para isto que servem fundamentalmente. Para a defesa pessoal também, que é a faceta mais popular como se sabe. Pratiquei judô na academia Brito em Ipanema, perto de meu segundo colégio o Brasileiro de Almeida. O colégio como se vê no nome era da família do maestro Antônio Carlos Brasileiro de Almeida Jobim. O nosso amado Tom Jobim. Anos depois atentei para isto. O escritor hoje imortal da Academia Brasileira de Letras, meu parceiro musical Geraldo Carneiro da Rocha e o maestro Eduardo Souto Neto de quem tive grandes ensinamentos, quase que na mesma época também ali estudaram

Tive duas expulsões em colégios. A primeira foi no Brasileiro de Almeida.

Era uma tarde bonita e naquele ônibus bem limpinho, que nos levava a casa depois da aula tentei atirar pela janela um traque aceso. A famosa bombinha de festa junina. A janela de vidro estava tão bem limpa que não deu pra ver que estava fechada. A bombinha bateu e voltou. Foi pisada muitas vezes para tentar apagar, mas fez Boom! Explodiu forte dentro do ônibus e fui levado para a secretaria, daí, fui expulso e tomei aquela bronca em casa.

No terceiro colégio o qual gostei muito e conheci muitas pessoas amigas foi o Colégio Santo Agostinho no Leblon. Uma fase boa que pude experimentar as disciplinas e o convívio social. Herman Byron, Ricardo Chust Trajano, Bruno Martins eram os meus contatos mais frequentes, o patota (que foi em 2015 o Ministro Patrocínio do Itamaraty), Petry, Ricardo Anysio, Caiado, Veiga, Amoedo, e tantos outros que estavam lá até hoje nos reencontramos anualmente. Lembro-me de lá o Evandro Mesquita jogando bola como vi anos depois, comparando, quando participei de um amistoso no campo do Chico Buarque onde conheci o Ronaldinho fenômeno. O Evandro jogava neste

nível genial. Eu não sabia na época, mas ele era tão bom de Rock quanto jogava futebol.
Confirmou-me o Evandro que Joaquim era o nosso porteiro no colégio. A disciplina de comportamento era dura e foi pelos poucos pontos tirados um a um na fila de entrada pelo também simpático Frei Vicente que fui expulso pela segunda vez. Desta vez me rendeu uma surra de cinto e tive a cabeça raspada a zero. Eu chegara ao limite da paciência do bom Dr. Egberto.

O quarto e último colégio antes da faculdade foi o de Dona Lúcia Magalhães, A Magalha como carinhosamente nos referíamos a ela. O Colégio era o São Fernando na Rua Marques de Olinda em Botafogo. Ricardo Bokel, Sazinho, Falcão, Maria Helena, Fedoca, Perdigão, Ricardo Salim, Bento Berenguer, que estava pilotando o Boeing quando voltei ou ia para Nova Iorque uma vez, Luciana Lee, as moças Chacel,  Gustavo Strunck, que fizemos parceria musical em "A Cantada Infalível", o mano Orlando, e Ricardo Barreto, que depois no contrabaixo integrou a formação original da Blitz com Evandro Mesquita... Dos Professores, Pádua, Cantuária, o mais jovem professor de inglês e atualmente o TOP advogado André Martins de Andrade, Dona Francisquinha, Dona Elza, a mestra Vitória e o simpático Tião da entrada são os nomes que me vêm à mente agora.

Surgiu a época do vestibular e aí foi um reboliço, pois pretendia agradar ao meu pai e ao mesmo tempo queria seguir minha vocação na música. Claro que não deu! Uma decisão me fez optar pela área humana mesmo quando estava estudando física e química para o vestibular de medicina. A área humana era o mais próximo da música. Então, foi a decisão acertada. Curiosamente, meu professor informal de química foi o compositor Ivan Lins. Ivan que me apresentou nesta época no M.A.U., já éramos parceiros musicais e foi quem gravou nossa composição, que foi minha primeira composição gravada. Lembro-me sempre de muitos sorvetes graças aos direitos autorais.

- Alô Ivan, como vai? Preciso da sua ajuda na tabela periódica, isótopos, isóbaros...

Lá vinha o gentil Ivan do Alto da Tijuca, da Rua Gurindiba para o Flamengo onde meus pais nos alocaram os três irmãos para viver e estudar. Eu vestibulando e minhas irmãs que estavam na Universidade Santa Úrsula estudando Arquitetura, enquanto nossos pais pavimentavam a volta de Roraima e Manaus onde pouco antes estivéramos juntos por quase dois anos. Em Roraima meu pai foi secretário de saúde no Governo do Sr. Dalcin e cuidava diretamente dos índios Catrimani. Ele tinha um livro com aproximadamente dois mil nomes de indígenas cuidados caso a caso nas aldeias.

Nesta época eu tinha por volta dos 17 anos e escrevi o "Mapinguari" quando excursionei até o Parima em Roraima, e conheci a Pedra Pintada. Foram quatro dias dormindo em redes nas árvores, e quando a ração acabou seguimos o manual vivo de sobrevivência na selva do nosso tuxaua que era o guia. O experiente professor Byron Prestes Costa de Cruz Alta - RS era o comandante da expedição. Dormíamos na rede nas arvores. Minhas irmãs e eu estávamos atentos à noite, e percebíamos os movimentos das onças que passavam em baixo perto da fogueira. Pela manha seguíamos o tuxaua na margem do rio a procurar ovos de tracajá. Incrível a técnica para achá-los com um simples graveto. A melhor gemada que já comi. Depois ele pescava Pacus com a lança longa certeira em sua mão. Não errava. A cada investida vinha àquele monstro carnudo tremulando na ponta.

A fogueira cozinhava tudo e seguíamos para o objetivo de ir para a Pedra Pintada, que virou música.

Quando conheci com o pessoal do Projeto Rondon de Santa Maria - RS no Lago Caranã também em Roraima, mais tarde escrevi "Beijo Submerso".

Voltando ao RIO, depois de algum tempo por sobre a química do vestibular Ivan sempre terminava indo para o piano, eu pegava o violão e rolava o maior som na sala. O Paulinho *perereca* trazia a bateria e com o contrabaixo do Gustavo Strunck era uma festa no prédio, que ouvia aquela somzeira. Algumas vezes reclamaram e a Laura dava um jeito. Acho que não existiam interfones nesta época... Era cutucada no assoalho, no teto, alguém gritava... Um espanto!

Eu poderia ter conhecido a política no M.A.U., quase todos ali eram universitários, e até certo ponto politizados acredito. Mesmo porque já havia aquelas reuniões na sala do MAM... Gonzaga Junior, Ivan Lins, Aldir Blanc Mendes, Cesar Costa Filho, Ivan Wrigg, Rolando Faria, Mengão, Ronaldo Monteiro de Souza, Claudio Cartier, Panicalli e muitos outros, mas foi na faculdade a grande pressão pela adesão a isto ou aquilo, a alguma coisa que estava sempre do contra ou contra alguém. Controle de níveis de regras das quais os envolvidos não compreendem bem. Chato demais!

Na faculdade frente à abordagem política descobri que não interessava e perderia meu tempo, que foi definitivo para consolidar a minha vocação pela música com o objetivo de ajudar a humanidade com isto, entretanto, bati de frente com

Salvo pelo Bonus

o sistema monetário anos mais tarde, e como eu penso sem dúvida este e as políticas são o grande obstáculo perante a evolução humana. A política rouba principalmente carreiras vocacionais além de usurpar os holofotes artísticos. Parece-me que o que é do Governo não pertence mais ao povo. O sistema monetário é a prova certificada do primitivismo humanitário onde estamos inseridos no mundo.

Nos anos oitenta antes da ida para nova Iorque comprei um bilhete por Miami e quando viram violão, e cabelo grande fui deportado forçado a retornar ao Brasil. Políticas sempre  atrapalharam tanto lá quanto cá. Estados diferentes têm entradas diferentes retornei sim, mas por Nova Iorque onde fiquei quase dois anos até não mais retornar. Recebi um premio numa radio em Miami em 2007, pela execução fora da média da música "No Words", foi quando veio o presidente Obama ao Brasil anunciando a abertura para os brasileiros das fronteiras norte-americanas. Pedi o visto, e com os papeis em ordem na entrevista meu visto de entrada foi negado. Por que sempre acham que alguém que visita um país, mesmo que seja uma viagem em parte comercial quer ficar ilegalmente lá? Claro que acontece, mas nunca foi bem o meu caso.

Eu sempre quis a excelência freneticamente. Perdia praias, noitadas, e o escambau para estudar, ouvir, escrever e ouvir... Poxa, como iria criar interesse numa coisa destrutiva como a busca pelo poder? Eu entendia e continuo entendendo desta forma: O poder deve vir de dentro para fora das pessoas e não buscado fora e colocado dentro. O dinheiro que se ganha é consequência do trabalho bem feito ou deveria ser. O cargo político deveria ser meritocrático, sazonal, doado, e nunca um cabide de emprego regalado. Uma base completamente amoral e desrespeitosa pode alguma coisa? Usurpação geral da cidadania, e o pior, dizendo de forma ulterior e intimidatória que você não pode nada e é um zero. O que garante esta afronta dos políticos são as cinco milhões e quatrocentas mil leis federais, estaduais e municipais em complemento da Constituição, que colocaram todos fora da lei. Frente aos novos tempos de 2017, em meio ao caça às bruxas de dois governos corruptos que roubaram, parece pouco, R$ 50,00 de cada um dos habitantes do Brasil. Pasme! Dois PIBs, 10 bilhões de reais em menos de oito anos... Dá para imaginar o tamanho do bando? E o exemplo que fica para a população? Mas espera aí! Cada país tem uma forma de reprimir seu povo e esta é a nossa maneira!

Quando estive por alguns meses em 2014 no Estado do Mato Grosso conheci um jovem que trabalhava numa mina de ouro de D. Margareth Thatcher, 30 anos de concessão e mais 30 anos renovada recentemente, disse. Ela morreu no final do século passado. Sai de lá toda semana um avião repleto de ouro para a Inglaterra. Com 98% das reservas mundiais do Nióbio no Brasil, que nem trabalha oficialmente na extração, agora compare com a qualidade de vida que os outros 2% que o Nióbio do Canadá dá para seu povo. É o Reino Unido quem dita o preço no mercado internacional. Como? E em Portugal jantando com um oficial do exército ele me disse que Portugal continua a tirar ouro e muito mais desde o império até hoje... Aqui no Brasil o ambiente, o espaço aéreo, a estratosfera, e o subsolo são do Governo, e a manipulação política existe senão para encobrir o que realmente acontece por detrás das cortinas entre os países. Estamos por fora! E de fora mesmo!

Quando estudei marketing e relacionamento na universidade aprendi que quando visitamos uma empresa o porteiro, por seu comportamento poderá nos dar a noção de como está a cúpula da empresa... O nosso porteiro são os parlamentares, os deputados, os vereadores... Putz! Assim está a política.

Salvo pelo Bonus

Sou um "quase cidadão" como todos, mas aos sessenta anos no meu país. O Brasil não muda, não ousa, não avança.

Aquilo que está sob o controle da pessoa é o que deve ser desenvolvido para ajudar a si e aos outros. Aí é que é preciso avançar-se. O resto é diversão. Por fim, com tanto a fazer na Arte como eu poderia me interessar pela política? Aos que pensam que sou egoísta também nada podem fazer. Ora, ficar conversando sobre uma coisa que não se resolve é talvez estar-se diante de um enigma. Perda de tempo ficar conversando e deixar a coisa sem solução esperando que ela mesma se resolva seria o procedimento que se faz com enigmas. Mas a política não é um enigma. As pessoas estão colocadas ali de modo quase vitalício. Ora, um político é um servidor. Quando o servidor não corresponde ao cargo é preciso demovê-lo por não servir a este. Garantias políticas? Não há direitos proprietários envolvendo isto. As primeiras atividades que sofrem um retrocesso por má gestão do dinheiro público são as Artes. A Música é um supérfluo, e é uma necessidade. Um equilíbrio difícil e não foi feito para ser equilibrado e sim para equilibrar.

A produção musical agora é mais simples do que parece. Longe de inventar algo novo, ou que ainda não tenha sido inventado antes, o momento agora é de sobrevivência, ou seja, permanecer estudando a música e compondo. Escrevendo música, gravando e finalizando a faixa se possível. Como eu vejo, a base do plano B é mais que necessária neste momento. O trabalho com a música sempre foi prazeroso, entretanto empreender para gerar renda foi e é igual a ter um bom serviço para ser vendido. Altos e baixos são uma certeza embutida no próprio serviço. É claro que não se vê assim por dentro e começando. Em alguns anos construí uma reputação em gravações, escrita de arranjos e de apresentação artística, mas estando fora do mercado alvo tradicional isto apresentava um patamar monetário que não chega a ser um sonho. Tio Bona conseguiu fazer alguma trilha de cinema, mas nos Estados Unidos. Lembro-me de sua música num filme com a Karen Black... Tom Jobim, que eu saiba não, eu tampouco, e fomos talhados para escrever desta forma. Estou falando de música incidental e não de música tema, mas também com ela.

Tendo trabalhado por quase três anos na TV Globo sob a direção do maestro Guto Graça Melo com a supervisão geral de José Bonifácio de Oliveira Sobrinho, o Boni, posso dizer que fiz a incursão que me deu a ideia do mundo corporativo. Um aprendizado direto com a orquestra e a convivência com inúmeros bons maestros de várias escolas. Alceu Bochino, Maestro Cipó, Waltel Blanco, Geraldo Vespar, Zé Menezes, e outros. Quando o departamento musical foi extinto e a atividade musical passou para fornecedores terceirizados era onde eu deveria ter empreendido, mas mal educado em negócios não aproveitei a chance. Empreendi por novos contratos de disco e desempenhos artísticos. Com a limitação de mercado resolvi visitar os Estados Unidos para fazer contatos diretos, eu precisava ver o que estava acontecendo na música ali, porque sempre foi uma referência evolucionista nesta área do mercado brasileiro. Eu tinha ido com meu tio nos anos setenta, e por sorte ele que estava sempre indo e voltando, quando cheguei pela segunda vez consegui estar novamente com ele lá.

Nos anos 80 eu estava praticando paraquedismo esportivo de precisão iniciado com a dica de Paulo Sergio Valle para  a prática do esporte que eu sentia necessária. Teria de ver com a pesca submarina, e com a prática do salto livre realmente vi as duas atividades muito parecidas. Gravei um disco na época pela Polygram (Universal Music) e a faixa "Dança Infernal" foi oferecida ao programa Fantástico na direção de José Itamar de Freitas, e gravamos um clipe no clube de paraquedismo de Boituva - SP.

COP – Clube Olimpo de Paraquedismo. Depois da pelada do Polytheama com Ronaldinho Fenômeno. Esporte é quase tudo.

Há momentos que é como nadar no fundo do mar, mas claro, numa intensidade bem diferente.

Hoje faço uma correspondência com o que aconteceu. Tinha crença no treino pessoal e no equipamento. Com isto saltava do avião a 12 mil pés de altura para cair voando a 257 metros por segundo na velocidade final aproximada. Você saltaria se não tivesse preparo pessoal e a crença nos equipamentos? Nem eu!

Na indústria do marketing de rede como empreendedor é a mesma coisa. Só se empreende bem com aprendizado, e pelo uso se tem a crença nos produtos.

Aproximação do alvo com o equipamento Stratus Cloud, após retardo de 60segs em salto de 12 mil pés de altitude.

Ser produto dos produtos, usar e perceber os benefícios dos produtos oferece esta experiência. É tão incrivelmente moderna a atividade que os produtos são protegidos do público, não se encontra no mercado tradicional, somente com quem é distribuidor ou associado à indústria. Por um lado, o corpo científico por detrás dos produtos é altamente qualificado  e algumas fórmulas patenteadas foram nominadas ao prêmio Nobel de Medicina. Por outro lado, a proteção ao mercado para os produtos é também proteção para o empreendedor, e para o público é a certeza de um produto diferenciadamente melhor do que os que estão no mercado tradicional ainda mais barato porque não converge para eles uma série de taxas comuns, e também custos de publicidade. Quem gosta de comprar produtos melhores e mais baratos? Para quem empreende com

Salvo pelo Bonus

os produtos recebe o investimento mais tarde como Bonus. Pois, por merecimento em propagar os produtos e a marca, a indústria confere até cinquenta e cinco por cento de sua receita mundial em Bonus. A turma costuma completar: Bom ou Bom Demais?

O marketing de rede não é perfeito é só melhor que o sistema tradicional. Esta oportunidade de empreender com baixo investimento é uma saída espetacular para a economia familiar! Caramba, por que então isto não é difundido como merece? Você já deve ter lido comentários de gente importante sobre isto em entrevistas e livros. Nossos grandes parâmetros contemporâneos nesta área são Robert Kiyosaki, Eric Worre, Tony Robbins, e Silvio Santos dentre outros. E para citar alguns empreendedores de sucesso que também são colegas exemplares e nossos parâmetros: Caio Carneiro, Marcus Clemente, Beto Carvalho, Fernão Battistone, Fabiano Barcellos e os irmãos Marcelo e André Behera, além de inúmeros outros. O que eles estão nos mostrando positivamente é que se eles conseguem, nós também conseguiremos! Seja você também uma referência para todos nós que amamos pessoas e queremos ajudá-las! E nós todos aplaudiremos o seu sucesso!

Por que um downline muda de liderança? Isto aconteceu pelo menos duas vezes nestes quase três anos que desenvolvo o MKT de rede. Uma em outra equipe antes de sermos Jeunesse, e recentemente em minha própria equipe, então, vale comentar para que conheçam algo que acontece, mas não é epidêmico.

Existe um ranço político vindo do mercado tradicional que atrapalha inicialmente as pessoas que fazem o MKT de rede. Um downline pode mudar sua liderança, mas terá ônus pessoal além de mais trabalho extra para si. Se carregar a base de sua organização consigo isto se agravará ainda mais, pois todos de sua equipe terão de ser informados e deverão decidir se aprovam a mudança pessoal de seu líder. A mudança do downline para outra liderança se justifica em parte quando, e se o seu upline está inativo, por exemplo, e não se justifica estando o seu upline em atividade, mas na prática isto não muda nada uma vez que a organização não se dissolve porque alguém não está fazendo o trabalho que corresponde. Então, será por motivo passional que isto acontece? Talvez, mas certamente é um motivo de ranço político. O MKT de rede em sua estrutura não se altera, e os espaços vazios são absorvidos dando a conexão imediatamente entre as pessoas da equipe que estão ativas, então, isto é no mínimo perda de tempo, ou ilusão atôa. Mude sua forma de pensar. Estamos num ambiente meritocrático colaborativo. A crença no MKT de rede, e nos produtos da indústria abraçada é toda a questão aqui. Receber esta oportunidade tendo vinda de quem quer que seja seu patrocinador, e aproveitá-la como corresponde é o fará diferença em sua vida.

Meritocracia. Isto para mim é estar muito próximo da música. É estar próximo do Amor.

Caramba! Se eu tivesse conhecido isto antes teria trabalhado na Avon, ou na Natura! Desenvolve-se muito nesta atividade. Posso te dizer com a experiência de quem desenvolve há mais de dois anos em paralelo com a música: Estude o marketing de rede! Ele é uma faculdade inteira de desenvolvimento pessoal onde você ganha dinheiro extra enquanto aprende. Nunca na faculdade aprendi tanto. De fato, em Comunicação Social, que estudei por quase cinco anos contando com o estágio, uma pessoa que conheci no caminho da música que agenciava publicidade me disse uma só frase que resumiram aqueles anos todos dentro da FACHA estudando Comunicação Social. Estávamos no sistema Globo de Rádio... Analisando o plano de inserção que eu havia feito para lançar uma campanha de shows patrocinada por uma confecção de Duque de Caxias – RJ, se não me engano foi a confecção Oger, ele disse:

- O impacto está bem colocado na semana dos eventos, mas lembrando de que ninguém gosta do que não conhece, então...

- Opa repete isto aí! Eu pedi.

- "Ninguém gosta do que não conhece" foi a frase dita por ele.

Eu pulei! Juntaram naquele momento todos os quatro anos sentado na faculdade numa única frase! Essa pessoa incrível é o meu amigo Décio Luiz dos Reis. Além de outras máximas, esta frase resume todo o motivo que alguém precisa para compartilhar estes produtos especiais e a marca da Jeunesse Global como eu faço hoje.

Fique atento à oportunidade do convite. Só se participa desta atividade quando se é convidado. Demorei em deixar cair a ficha, como se diz, mas ainda bem que caiu. Quem me convidou a conhecer o plano de negócios foi meu sobrinho e afilhado Leonardo Pascual. Seu irmão também meu sobrinho Márcio Pascual também havia me exposto o negócio anos antes, mas foi a persistência do Leo que me fez enxergar esta oportunidade incrível, e sou eternamente grato a ele por isto.

Na primeira visita aos Estados Unidos eu tinha a mão do tio Bona para visitar os lugares. Era Nova Yorque nos anos 70. Naquela época eu conhecia de ter ouvido falar um lugar chamado ACDC, que depois até virou o nome artístico da banda que tocava lá. Quebravam tudo no rock pesado. O lugar que era muito falado pelo jovens da época também em Nova Iorque, eu pensei: Vou conhecer este lugar. Pois bem, Localizei o lugar, meu tio estava no hotel. Nós estávamos juntos no hotel Paramount, eu acho que ficava na Rua 52. Daí eu fui para lá.

Pedi lá uma soda e fiquei no bar ouvindo a pauleira do som rolar. O pessoal bebendo todas, então de repente eu vi parando na frente do bar umas motos grandes e barulhentas com uns caras mal encarados cheios de chapéus de chifre e tatuagens... Putz! Eram os temidos caras dos Hell Angels! Tinha uma cabine telefônica dentro do bar entrei e fiquei olhando a entrada da galera... Liguei para o tio Bona:

- Tio estou aqui no ACDC e adivinha quem acaba de entrar?

- O Tony Bennet. Respondeu ele.

- Caraca, P-Q-P tio! São aqueles caras das motos os Hell Angels!

- Esses caras são chatos! Pega um cab na esquina e sai daí logo para o hotel. Aproveita e traz umas daquelas batatas com gosto de churrasco (era a novidade da época)!

Sei lá o que ele falou depois, mas fiquei assim de tão impressionado nunca tinha visto aquilo! Os Caras todos com aqueles capacetes, casacos emblemáticos e tatuagens, um negócio do outro mundo para mim nos anos 70. Foi uma experiência muito interessante. Depois fiquei conhecendo alguns lugares pitorescos. Aquela não foi uma viagem de negócios era uma viagem de reconhecimento, e eu achei a cidade muito interessante. Alguns finais de semana passeamos no Central Park vi muita gente tocando ao ar livre e achei muito legal isso. Esta foi minha primeira viagem com meu tio aos Estados Unidos, e fiquei muito bem impressionado.

Com Luiz Bonfá visitei muitos lugares em Nova Iorque. Ele foi sempre muito amável com todos e comigo não era diferente me mostrando tudo. Entrava nas lojas de disco para testar sua popularidade. O vendedor logo chamava:

- Mister Bônfa, mister Bônfa... E ele atendia feliz.

Aliais, me confirmou em 2004 o compositor bossanovista Pingarilho que ele era assim desde que chegou aos Estados Unidos. Muito solícito e amável com todos e sempre pronto a ajudar. Fomos ao escritório do empresário dele Mr. Arthur Miller muito simpático que fumava um charutão... Depois fomos visitar a loja do Manny's. A loja parou duas vezes. Quando o Luís entrava a loja parava e quando ele pegava qualquer violão a loja parada de novo. Todo mundo esperava ouvir o Luíz tocar qualquer coisa... Monstro! Naquela época ele era considerado um gênio sul-americano nos Estados Unidos todo. Gravado por Frank Sinatra, Sarah Vaughan, Tony Bennet dentre outros, e o único compositor brasileiro a ser gravado por Elvis Presley... Fez tournée nacional com Mary Martin... Tocaram até no Alaska para o exército americano. Nas caminhadas e visitas por várias vezes comíamos aquela pizza gostosa vendida em pedaços na Broadway.

- Eles têm um molho de tomate especial secreto que já vem preparado numa lata grande. Isto seria um sucesso no Brasil! Ele dizia. E aconteceu isto mesmo com a pizza no Brasil e no mundo!

Depois conheci seu amigo o brilhante desenhista incrível Michael Wollman e sua parceira musical e também minha futura parceira Mrs. Hazel Sherbill, uma doçura de pessoa. Hazel estava com Luiz escrevendo sobre a Carmem Miranda. Era uma peça off Broadway, e nós fizemos uma das composições mais bonitas que escrevi, uma balada chamada "É Tão Perfeito". Enfim, em resumo esta viagem foi a viagem de reconhecimento.

Na segunda visita a NY foi um pouco diferente. Por exemplo, quando visitei a loja do Manny's eu estava saindo da loja e o Sting estava entrando, o Police ainda não era famoso mundialmente exceto pelo conhecimento dos músicos que sabem tudo por antecipação no surgimento de novos talentos. Entretanto, vi que ele já tinha muitos asseclas o cercando. Luiz Bonfá não tocava há um bom tempo em Nova Iorque e numa dessas voltas à cidade acertou um show para a gente no Fat Thusday's com a direção do filho de Stan Getz. Na formação estavam o Nilson Matta no contrabaixo e Café na percussão. Era um "pocket". Luiz queria o Don Salvador no piano, mas ele pegou uma infecção no dedo nas águas de um córrego no Central Park, ouvi dizer... E estas apresentações são sempre as mais difíceis e profissionais porque o artista fica "pelado" no palco. O artista mostra para o que veio.

De repente eu estava ali tocando, nós tínhamos duas ou três entradas no roteiro do show... Eu terminava um set com um solo, quando vi de relance um vulto na plateia, assim rapidamente um vulto conhecido na plateia, mas não identifiquei.

Eu tocava uma música bem difícil "Mapinguari" e de repente a imagem da pessoa veio na minha cabeça. Era George Benson, caramba! Continuei tocando forte e até acurei a performance para que ele de certa forma tivesse uma boa impressão. Mais tarde George super simpático foi ao camarim dar um abraço no Luiz e aí a gente conversou um pouco. Eu não sabia. George era um grande admirador e amigo de Luiz Bonfá, e em visita ao Brasil para lançar seu disco declarou isto publicamente. Depois começamos a nos conhecer melhor, e fui convidado à sua casa e estúdio em Nova Jersey. Seu estúdio ficava em baixo da casa e um córrego passava bem por debaixo. Muito bonito o lugar. Ele apontou na saída uma casa e disse ali

Salvo pelo Bonus

mora uma pessoa que você vai ouvir falar muito dela. Era a casa da Whitney Houston. Ali no estúdio ele me falou dos acordes do Luiz que o impressionavam. Ele tinha um ensaio de prática e fiquei admirando. Ficou ensaiando por cerca de uma hora com Lonnie Smith que era um gênio no órgão. Não sei se era parente do genial Jimmy Smith... Era um cara especial, meu Deus do céu! No final da sessão de onde eu estava vi o George escrever um cheque para ele e o agradecer. Uma lição de profissional em tudo o George Benson. Eu sai meio aéreo do estúdio. Não sei, acho que foi muita informação musical que abriu minha cabeça. Então George pediu para o Lonnie me levar até o metrô para eu voltar à Nova Iorque, e quando nós descemos ao metrô uma porta se abriu no elevador. Ali era escada, mas tinha um elevador no metrô que era profundo. Alguém me chamou para dentro do elevador e o Lonnie falou que não, para eu ir pela escada. Claro que sabia o quanto eu ainda estava aéreo e me protegeu. Então peguei o metrô e fui para o hotel. Deu tudo certo.

Em Manhattan eu morava nesta época num pequeno hotel na Rua 72 no Central Park West. Algumas ruas mais adiante estavam outra entrada para o Central Park e o famoso edifício Dakota onde viveu John Lennon. Era uma espécie de residência onde eu estava. Então depois eu estive com o maestro Eumir Deodato, meu parceiro de uma música só, conheci amigos novos em seu estúdio em Manhattan, Duplex Sound. Uma inteligência rara o Eumir. Conversamos muito e reencontrei Mário Toledo meu primo por afinidade que era filho de Maria Helena Toledo, que era seu assistente.

Há uma percepção sensível na música e um tanto difícil de ser explicada. Penso que há um canal que interage muito além do que se conhece e é daí que vem a intuição, que se lembrando das palavras de Krishnamurti é a espiritualidade. O que todos temos e que não se trata de religião.

 Com o músico genial maestro Bruce Whitcomb fiquei dois meses produzindo "No Words", recentemente relançado como "Sem Palavras 2.0" com o suporte do amigo prof. Manoel Marcondes Machado Neto. Fiz parcerias com o poeta e letrista espetacular Don Rosler, e conheci músicos incríveis quando ele produziu as faixas do disco cantado "Words", mas que não finalizei. Gravei concomitante com o disco instrumental. As coisas da música iam acontecendo... Mario Toledo gestou depois um concerto no Sounds of Brazil. Na 42nd Street numa visita recebi de presente suportes de palhetas de saxofone e não entendi bem por que... Mas acabou por ajudar a passar o inverno fazendo uma escultura com acrílico. Como adivinhou que eu ia precisar de distração? O inverno rigoroso chegou forte naquele ano de 1986. Visitei algumas vezes o China Town e a Canal Street era minha rua preferida, onde comprava cassetes especiais e via as novidades.

 Gravei um disco solo pela Polygram, que foi lançado na web em 2016 "Aproximação" antes de viajar pros Estados Unidos. Meu pai faleceu nesta época. Alguns anos depois tive o primeiro casamento, Mou e eu tivemos uma filha. Nascia a "Bicles" - a garota que eu sempre esperavO, como eu me referia a ela.

A bonita Mou era assistente de produção, que pela beleza era bem protegida pelo Sr José Itamar de Freitas, que era diretor do PGM Fantástico na TV Globo. O PGM Fantástico naquela época lançava os produtos artísticos e nem tanto os comerciais, que ficavam na esfera do PGM do Chacrinha. Mou cantava muito e eu não sabia então a reencontrei fazendo coro para Tim Maia com Solange Rosa, outra gigante da voz. Começamos a namorar. O casamento durou dez anos. Uma separação inevitável. Aconteceu na época da ida para os Estados Unidos nos anos 80, quando tentava desbravar outras oportunidades de trabalho artístico. A ideia não dita do tio Bona era que eu me adaptasse e vivesse ali. Experiência boa, mas faltava estrutura e voltei depois de quase dois anos de idas e vindas.

O hiato do divórcio deu uma reviravolta na vida, e me deu a oportunidade de ter a primeira casa. Uma casa numa ilha muito deserta e interessante naquela época. A Ilha Primeira. Comprei o terreno e fiquei preocupado quando vi uma casa de três andares na mesma qualidade de terreno afundar num terreno perto. Contratei uma firma de engenharia para prospectar o fundo. Era tufo a trinta metros. Não sustentaria alvenaria comum, e a casa não poderia ultrapassar a uma tonelada e meia de peso. Então veio um estalo para construir em pau-a-pique. Conheci os construtores Ney, Jajá e Zé Ramos e importei toda a madeira de chão, pentes de piaçava, flechal, tudo da Bahia, e transportamos de barco para a ilha Primeira. Montei um barraco de apoio e construímos a estrutura todos juntos, com a ajuda do saudoso Zelindo irmão da minha querida Preta, a baba de minha mãe. Depois veio a tradicional feijoada para o preenchimento de paredes e cobertura. Incrivelmente térmica ficou a casa. Embolsada com argamassa leve. Um dia eu estou olhando a parede e chamei o Jajá:

- Esta parede está torta. Eu disse.

- Éééé está meio descaída! Ele disse. E assim ficou.

No detalhe a vista pelo telhado, o velho Burna, e a Bicles no cais.

A casa toda era toda ela um monobloco de amarrações, onde a cumeeira e o telhado davam a base para as paredes e a varanda. O projeto foi de Sonia minha irmã que é maestrina no piano e arquiteta. Ficou uma beleza. Não havia janelas no quarto no segundo andar. A árvore centenária, uma amendoeira  que sustentava o quarto não era forte, mas estava amarrada a tudo o mais e funcionava como apoio da escada e da caixa d'água bem mais acima em uma forquilha. Era camuflada por pintura e quase imperceptível ao olhar. Uma bomba sapo levava a água da cisterna de dois mil litros até ela, que tinha mil litros. Seu peso prendia ainda mais a estrutura do quarto e a própria árvore no solo. Amendoeiras não têm raízes de aderência profunda.

Salvo pelo Bonus

Veio à chuva grande, eu chegava a casa no velho Burna, que eu dera o nome em homenagem ao Dr. Egberto ao barco pesado de madeira de três metros e meio, com um motor de popa de quatro cavalos, e estava chovendo. A chuva apertou no meio do caminho. Eu levava em média quinze minutos de barco pra chegar quando a maré estava em vazante. A chuva apertou e acelerei meus quatro cavalinhos e quase ao chegar ao cais em frente a casa, um plástico obstruiu o hélice. Pulei antes de a maré levar o barco e amarrei rapidamente. Olhei para o canal enquanto amarrava e vi uma ilha de Gigóias se deslocando. Era grande, mas eram apenas vegetais e me molhando resolvi esperar no cais para ver a coisa toda passar. Chegou ao cais bateu e balançou tudo! Como? As raízes por de baixo da ilha de Gigóias correspondem a uma massa de água três ou quatro vezes o seu tamanho, e tudo isto vira uma massa só. De repente senti que o cais iria levantar por de baixo, e assim aconteceu. Um rugido e levantaram os cinco pilares de madeira com 35 Cm de diâmetro com luzes e acabamento de madeiral enterrados, e comigo em cima! Atirei-me no barco e a corda foi cortada. Trovoadas fortes e a chuva ficou mais forte ainda. Fiquei a deriva no canal ao sabor da correnteza forte da vazante com o volume da chuva. Puxei várias vezes o cordão do motor e nada! Depois me lembrei da obstrução do hélice, mas já estava em cima de bater numa draga estacionada trinta metros à frente, que fazia o desassoreamento do canal. Preparei-me de pé agarrando nas hastes da capota e abalroou forte embicando para baixo. O barco mergulhou para debaixo da draga e eu me lancei antes para dentro do canal e comecei a nadar. Nenhum pensamento era ação pura! Nadava de frente para a correnteza para anular um pouco a velocidade, mas procurava tangenciar para atingir a margem em algum ponto.

Mais ou menos cem metros adiante eu consegui chegar à margem. Levantei quase todo enlameado e com vegetais em cima. Estava de fraque e daquele jeito quando bati na porta traseira da casa de alguém. A pessoa que atendeu pensou ver um ET, mas me reconheceu como ilhéu vizinho. Perguntou: O senhor aceita um copo d'água? Olha! O Indiana Jones a essas alturas seria considerado Mazzaropi! Agradeci e pedi para passar no terreno a fim de chegar em casa pelo interior da Ilha Primeira. Dalí a uns oito minutos de caminhada chegaria a casa. Estava tudo lá exceto o barco e o cais. Um barulho de correnteza forte se ouvia, e a chuva com trovões não davam trégua. Quando coloquei a chave na porta virei para ver o rio e na direção da olhada ouvi um barulho estranho. De repente frente aos meus olhos o muro de pedras levantou-se e caiu para dentro do canal. Putz! Os próximos obstáculos do aguaceiro seriam os dois eucaliptos, a bananeira, o espaço até a varanda e a varanda em si. Entrei e procurei esquecer indo direto ao banho no segundo andar e depois para o cortinado e a cama. O quarto não tinha janelas pegava a vista bonita do Itanhangá Golf Club e dois dos buracos ficavam bem próximos e eu ficava vendo de cima. Vista linda. Quando no filó eu ficava vendo os mosquitos querendo entrar e zombava deles. Estava seguro e amanhã iria ver o que teria acontecido durante a noite. Dormi e acordei por volta das oito e meia. Vesti-me e fui para frente da casa. Caíra outra parte do muro e descobrira a cisterna. A água chegara até a varanda cujo pilar lateral estava balançando em falso. As águas que caíram durante toda a noite na floresta da Tijuca agora desciam mais fortes e volumosas. Os eucaliptos se foram com a bananeira levando meu primeiro grande cacho desde a plantação. Uma hecatombe! Olhei correnteza acima e vinha descendo um tronco grosso. Ouvi algo no telhado. Medi com os olhos avancei peguei e coloquei na posição de base da varanda bem no momento em que ela cedia. Um golpe de sorte. Se ela cedesse, como estava ligada à comeeira levaria o telhado. Fui fazer o café e dar um tempo naquela aventura. A cozinha era toda de barro e era preciso colocar lenha no fogão. As panelas eram de barro e fazer a comida era a melhor hora do dia. Assava na chapa o pão e os peixes. Ao voltar para

Salvo pelo Bonus

a frente da casa não vi mais a cisterna. Sobrara a água potável da caixa de cima somente. Fui visitar meus vizinhos e houveram muitos estragos com eles, mas em pior situação estava minha casa pois pegava de frente a força da correnteza. Recuperei neste dia o meu barco, que felizmente fora para o lado contrário do quebra-mar. Meses depois desanimado vendi a casa para meu vizinho Dr. João Tancredo, que queria expandir sua residência. Comprei outra casa na mesma ilha, desta vez no centro da ilha com saída para um cais comunitário. Estava no conselho fiscal da U.B.C. indicado pelo também meu parceiro compositor Chico Feitosa ("o Chico fim de noite"), e as tantas idas e vindas estavam ficando chatas...

Anteriormente morar na Ilha Primeira foi também uma época de novos descobrimentos. Algumas vezes eu apoitava o barco bem na saída do canal para o mar. Bem perto de onde se lê "Sorria você está na Barra" e ficava pintando a paisagem no cavalete montado dentro do barco. Momentos ótimos passei por estar pintando quadros na lagoa. Na volta o barulho do motor me ajudava a manter os gatos e a mim mesmo alimentados com tainhas assustadas que pulavam toda vez em minha direção e caiam no fundo do velho Burna. Bem grandes e generosas.

Dez anos passaram-se até que depois da hecatombe da casa e alguma nova tentativa de ter a segunda casa mais no centro da ilha Primeira. Acabei por vender tudo e desiludido com um novo romance, mudei para Miguel Pereira. Visitei Miguel Pereira – RJ para um festival com o parceiro Tibério Gaspar. Gostei da cidade. Voltei e aluguei uma casa. Montei o BonfaStudio e fiquei por um ano e meio. Minha irmã me convidou e fui passar a virada do século com ela e o marido. E resolvi morar em Santiago do Chile. Meu coração estava só. Bicles fora estudar na cidade e isto também me incentivou a ficar.

Santiago do Chile com o maestro Alejandro Gaete e J. Dias.

Uma cidade muito boa e boas pessoas encontrei ali. Morei em Providência, dei aulas de inglês na escola infantil Contempora, e gravei boas músicas novas com Claudia Muñoz e Alejandro Gaete em seu estúdio. Encontrei Marinho Boffa ali, que era muito conceituado por suas apresentações. Reencontrei Joe Vasconcellos e Nacho Mena com quem havia feito anos antes uma turnê no norte, e tocamos juntos no belo Teatro Amazonas. Comecei a escrever algumas trilhas incidentais para a novela "Lolita" do Canal Treze e fiz um disco para a Varig e a Star Alliance. Bicles concluiu seus estudos e voltou, o governo do Sr. Lagos assumiu com recessão e escolhi voltar ao Brasil.

Fiquei sozinho dez anos e pensei que o romance havia acabado para mim. Morava no Leblon, bem na "Rive Gauche" como chama minha irmã Laura, e uma tarde reparei que sempre passava uma garota bonita passeando com seus dois cachorrinhos. Pensei que fosse inglesa ou norte-americana, mas era uma eslaviana oriental, da Rússia. Namoramos meio as escondidas de seu protocolo de segurança porque ela era da chancelaria do consulado e em uma noite especial ficamos noivos. Foi surpresa para ela. Comprei as alianças, e a convidei

para um restaurante na esquina da Rua San Martin com a penúltima rua do Leblon onde eu tirava fotos promocionais tipo The Beatles, pois para mim a calçada é muito parecida. O ambiente era de velas e muito aconchegante. Durante umas taças de vinho puxei as alianças e a pedi em noivado. Senti uma dor forte no peito. Era no coração. A dor ficou forte e a sensação era de que ele havia se partido como uma casca de dentro para fora, como se houvesse outro coração maior por dentro rompendo tudo. Caramba! Era isto mesmo! Dez anos de congelamento ou algo que o valha estava se rompendo para o novo amor.

Alguns meses depois seu contrato com o Ministério das Relações Exteriores da Federação Russa acabou e ela teve de voltar à Moscou. Caramba, poucos meses antes ficamos noivos e veio a notícia que ela teria de voltar pra casa. Eu teria de ir pedi-la em casamento lá! OKs acrescentou: Se meu pai não gostar de você, Caput! Depois de uma papelada e procedimento grande... Fui para Moscou e conheci seus pais, Olga e Sergey. Apaixonamos-nos mais ainda em família e casamos no Palácio dos Casamentos depois de concertar o sapato acidentado da noiva na entrada. Então, em meio à cerimônia muitas palavras foram ditas e eu perguntei à Oks o que tinha de fazer...

Ela disse: Fala Dá! Não falo nada em russo exceto a palavra "Dá", que é Sim em russo. Estávamos casados. Escrevi uma música enquanto ela comprava produtos no supermercado no Leblon: "Moscow Weeding" Verificar se Antônio Adolfo está no violino e o Mark Isbell no Sax.

Tivemos uma filha dois anos depois. Nasceu a "Pixinguinha. - a garota que eu sempre queriO", como eu costumava me referir a ela. Dois anos depois, a viagem de levar a Pixi para o reconhecimento dos avós maternos foi marcada e planejei durante este tempo fazer um "upgrade", um avanço na carreira.

Peguei as economias e investi em quatro produtos fonográficos autorais e um DVD em homenagem ao Luiz, com suas músicas mais famosas e um elenco de maestros músicos convidados. "Bonfá Toca Bonfá". Por que o upgrade? Nova família e entrada de direitos autorais, cachês insuficientes, e mesmo produções cada vez mais complicadas de fazer.

Os produtos ficaram prontos e o DVD teve de ser refeito com a entrada do parceiro e amigo Nelson Pompeo Filho, da coordenadoria de minha irmã Laura, e o projeto ganhou uma nova versão. Para minha surpresa, como resultado não houve interesse pelas gravadoras porque em sua maioria passava pela transição de suporte físico para nuvem virtual "streaming". Quebrei em 2005. De uma maneira completamente reversa do que eu havia planejado. Foi-se o estúdio, a produtora, a editora, e por fim a família. Meu segundo casamento durou por volta de dez anos e a conjuntura profissional e social deteriorada, também acabou por invadir a família que não se sustentou. É difícil viver com uma economia de guerra sem fim. Sabe aquilo que dizem o tempo todo e por indução sistemática termina por acontecer? Ouvi até baboseiras políticas para explicar o casamento falido. A ideia plantada nas gerações antigas sobre os regimes comunista e capitalista é defasada da realidade. A Federação da Rússia hoje é capitalista, e o nosso capitalismo está bem mais para o fascismo. Por fim, a maldade implantada na sociedade de uma forma explícita transparece até virtualmente.

Em 2012 tive um convite para gravar um disco em Portugal com a cantora luso-brasileira Márcia Barros sobre todo o repertório  do grupo de rock português Xutos e Pontapés transformado em Bossa Nova. Juro que pensei que o orçamento mudaria minha condição monetária, já que vinha de uma distribuidora que faz parte da Universal Music, e para minha surpresa foi uma produção de risco.

Sem budget. Orçamento zero. Aquela que se produz de forma independente, com acordo de distribuição somente, e não como um produto da própria gravadora distribuidora. Musicalmente é sempre bom o resultado, mas adeus ao budget!

Márcia Barros e eu a caminho do estúdio. Porto - Portugal

Ao voltar ao Brasil com uma tentativa romântica e equivocada em Matogrosso a música para mim não apresentou mais a oportunidade de mercado. Luiz Bonfá costumava dizer que algumas promoções de carreira seriam como a promoção de Sargento para Cabo. Jogar toda a experiência profissional adquirida na lata do lixo do recomeço em barzinhos na noite definitivamente não faz parte da minha missão na música. Meu pai me disse quando negociávamos o trancamento da matrícula do último ano na faculdade, que eu poderia precisar de meus conhecimentos além da música. Era verdade. Posso ver isto agora e como é a música depois do apogeu dos filhos e netos da Bossa Nova. A música continua aí, entretanto o mercado mudou e os empresários de segmentos diversos estão na luta, mas infelizmente a valorização da experiência cultural não é uma cultura brasileira.

Salvo pelo Bonus

Há uma ciência cultural no processo artístico e a conjuntura social precisa estar presente lá. A leitura, o estudo, tudo isto é o processo da ciência cultural por detrás. Não está. Simples, mas nem tão simples assim. Você também pode ser um artista e saberá o que estou escrevendo.

Muita gente pensa que um artista é um cara despojado, boêmio, que pode tocar dentro do metrô e onde quiser. Não é verdade. Se o ser humano também pode ser escrupuloso ele também pode ser um artista escrupuloso. Problema nenhum. Eu acredito que o artista precisa estar despojado e aberto para aprender e para experimentar espacialmente, me refiro a experimentar dentro da arte, mas ambientes diferentes também suscitam algum tipo de composição, então isso me faz lembrar que uma vez fui tocar no metrô quando voltei de uma dessas viagens, e que geralmente eu acabava sem dinheiro depois de pagar tudo que teria ficado como dívida antiga, não é? Peguei meu violão fui tocar dentro do metrô da Carioca. Mal comecei a tocar um guarda veio por detrás bater em minhas costas: - Se você não sair daqui agora vou te prender. Aqui não pode tocar aqui é proibido! Ele disse.

Dizer que algumas experiências que a gente viveu é uma experiência importada está correto. Importei uma liberdade de ser provavelmente quando passei pelos Estados Unidos e Europa. Há uma tolerância maior em querer se expressar na arte em locais diversos em outros países. A contribuição que o artista ganha por fazer isto é também monetária, mas não é o mais importante neste acontecimento. Há uma realização pelo aprendizado que é impagável. Trouxe sim uma liberdade de você fazer o que você quer e contribui humanitariamente. Isto não pode estar proibido num país que tem uma das músicas mais forte do planeta.

Assim como não dá para esconderem todas as pirâmides antigas uma vez que foram descobertas, será preciso resgatar o Amor que foi esquecido. O Amor é básico e único. Aquele que vem de Deus. Mais uma vez não falo de religião. Acreditar em si mesmo é básico e está no Amor, mas não é só isto. Precisa haver o Amor Consciente para resolver tudo. O Perdão e a Atitude. Somente o Amor Consciente é que tem duas ferramentas importantes e que poderão fazer isto. Pedir o perdão por todas as atrocidades cometidas e maldades que colocamos no coração, e ter a atitude verdadeira da mudança para ajudar nossos irmãos no Brasil a recuperarem o Amor. Isto acontece dentro de si. Farei isto com todas as minhas forças. Se isto corresponder a uma ação rápida como um todo será uma boa previsão daqui para frente. Fazer até onde foi ou é possível fazer não é o suficiente. Há de se fazer o melhor possível e aprofundar-se. Refinamento e avanço real nas menores atitudes. O Brasil está todo doente e moralmente em farrapos. É preciso melhorar em si o que poderemos melhorar como um todo. Depois até poderemos ajudar outros povos porque em quase todo o mundo vê-se este estado de coisas. Nunca antes foi preciso como agora tanta melhora como povo. Os valores comuns acabaram e pouco ficou como exemplar no Brasil. É preciso estudar muito e saber como ajudar a todas as famílias brasileiras. Desta maneira estou encontrando a oportunidade nos fundamentos de desenvolvimento pessoal no marketing de rede. O foco está em ajudar pessoas. Resumindo toda a benesse que alcançaremos teremos uma única palavra: Amor.

Até chegar aqui preciso contar umas coisas... Pra começar, muito grandes maestros me deram a chance no negócio da música. Quatro deles foram preponderantes: Luiz Bonfá que me deu os fundamentos na Arte, o conhecimento fundamental no respeito e compreensão dos direitos autorais e me introduziu aos ilustres colegas da época. Guto Graça Melo que me convidou para escrever na TV Globo, onde conheci os maestros e revi, o também amigo do tio Bona, maestro Waltel Blanco, que escrevia academicamente na vertical, por blocos em sua grade. Eu escrevia na horizontal, por linhas pelo autodidatismo. Acredito que estas eram as questões de Villa Lobos nas escolas de música... Raciocínios diferentes e resultados diferentes, que na música são sempre resultados positivos. Waltel escreveu o arranjo de "Por Quase Nada" composição com Ivan Wrigg para a "Divina" Elizeth Cardoso. Está no youtube. Primoroso.

Continuando também Roberto Menescal, que me convidou para gravar um disco solo depois da turnê australiana e do término do duo Burnier & Cartier. Houve um importante acidente de percurso: Mariozinho Rocha com quem escrevi a música que é meu maior sucesso como compositor no Brasil. Sim, foi acidente porque o também pianista Mariozinho era quem tinha os seus objetivos definidos, e eu, somente por competência me encaixei no que ele buscava. A composição certa para lançar um bando de rapazes talentosos que hoje são o Roupa Nova! "Clarear" foi a música que estourou no verão de 1984. Gravei uma versão em Bossa Nova. Músicos incríveis e de um bom gosto espetacular! Acredito que sempre tive sorte na música. Mais por conhecer grandes artistas do que para administrar o dinheiro que entrava, e que não foi pouco. Bem, demorou a entrar, mas quando entrou não parou mais. A má administração foi por eu não ter observado bem nos anos seguintes, o que meu querido pai Egberto me havia dito no ano em que eu cursava o terceiro ano de faculdade, e quando ameacei trancar a matrícula.

- Pai, já estou ganhando mais dinheiro do que você na medicina.

Este foi meu argumento. Claro que eu também me apoiava na renda residual dos direitos de autor...

- A música pode não durar para sempre! Faça um esforço já que falta somente um ano e termina logo isto se graduando. Respondeu ele.

Graças a ele terminei o que comecei. Claro que a música dura para sempre, mas ele queria me dizer do lado comercial da música, e na conjuntura social que ampara a música. Eu não concordei em tudo, mas decidi terminar dando o crédito ao nosso amor. Ele estava certo no final das contas. Não que a faculdade tenha me trazido um conhecimento espetacular, mas me ensinou o que ensina a todos: O hábito de estudar.

Para completar, lembro-me de dizer que houveram amigos e suas inestimáveis ajudas. Paulo Fernando Marcondes Ferraz e Ricardo Cravo Albim, que me aproximaram de Jô Soares em 2010. Uma boa entrevista sempre ajuda e aproxima o artista da lembrança do público.

Até por volta dos dezessete anos foi dureza. Lembro-me daquela nota chamada de envergonhada, uma toda vermelha de 10 cruzeiros que meu pai me dava de mesada. Durava bem, valia. Logo veio a fase de gravações, o dinheiro apareceu e tudo melhorou. Sempre tive um grande amor pelos artistas, graças ao meu tio e minha mãe. Um fato muito importante é que eu soube preservar o amor pela música fora a parte competitiva, ou político-corporativa no exercício destes anos. Continuo amando a música, e reconheço que há um novo paradigma a ser desvendado desde a última abrupta mudança do digital para o streaming. Esta foi forte!

PGM do Jô em 2010.

Acontece que a base humanitária na música quase nunca é levada em conta. Ela está presente, mas não se fala nela, não se aprofunda nela senão em outros campos de estudos sociológicos que tão pouco tem estas informações cruzadas. Incrível! Numa aula de música, por exemplo, precisa-se ter esta informação, não somente exercer a música, se escafeder estudando horas e horas de técnica disto ou daquilo. Ela só brota por fim quando o indivíduo para de exercer o sem cessar da atividade, e tem tempo de ver a diferença que fez em sua vida na linha do tempo. Esta base humanitária existe. Assim é que surge a dimensão de que quem lida com a música está mais para a atividade humanitária do que para a administração monetária. São duas coisas que se deve aprender, mas um lado está aí melhor colocado do que outro. Nas relações humanas o músico sempre se sai bem. Nas finanças é necessário aprender. Definitivamente não é o lado forte do artista.

Uma vez discutimos muito o assunto com o Relações Públicas Dr. Manoel Marcondes Machado Neto e eu. Eram meados dos anos 80. Ambos concordamos que não havia a formação universitária voltada para o setor de administração de coisas dos Artistas no Brasil. Também concordamos que era fundamental esta função dentro do espectro de atividades de produção artística!

Logo depois houve uma intensificação nas leis de incentivo cultural sobre a importação da lei que se chamou Rouanet, uma lei norte americana transformada, e que se expandiu para Estados e Municípios, mas enquadrou o próprio artista como produtor. Naturalmente alguns o são, mas a grande maioria não. Há de haver educação formalizada atrás do processo de adaptação. Mais ou menos o que aconteceu com o escravo que foi libertado sem a devida educação de como se portar no novo meio, com aquelas regras todas rolando... Vimos antes e estamos vendo no que deu agora.

Enfim, a base musical humanitária serve para a venda, por exemplo.

Participei ora como compositor, músico, arranjador, produtor e ora como diretor em mais de 80 produtos fonográficos, 70% no século passado (Long Plays desde todas as bitolas analógicas) e 30% neste novo século de 2000 (Compact Discs e Áudio Streaming). Movimentei mais de um milhão de discos ora como intérprete, ora em participações com outros artistas.

Sabe, eu tentei fazer um novo conjunto em 2012 dessa vez não era uma dupla. Também pensei em dois violões, mas como tinha um instrumentista de gaita Luiz Guimarães, recém-falecido, e éramos dois cantores violonistas a gente teria uma dimensão maior em trio. Infelizmente não foi compreendido como tal e mal estreou. Ficou mais sobre a amizade. Com Cláudio Matta aprendi a fazer pão integral sem glúten e até aperfeiçoei alguns ingredientes. Gosto dele mais firme e compactado. Aperfeiçoei aqui no setor gastronômico do BonfaStudio, soa bem quando se pronuncia em nordestino "Bom Faz Tudio", à propósito. Estou fazendo um pão muito interessante que dura a semana inteira isso é muito importante porque eu tenho muito pouco tempo e eu não posso ser o meu cozinheiro o tempo todo. Tenho de estudar e evoluir nos meus estudos no Marketing de rede, fazer a prospecção, fazer a promoção dos produtos e não tenho muito tempo tenho uma agenda bem apertada, e que precisa sobrar tempo para a música eu consigo fazer a música melhor hoje em dia mais organizada isso é maravilhoso.

Do Luiz Guimarães surgiu o Chico Caruso que foi uma grata surpresa por ser uma pessoa mente aberta, um verdadeiro artista, e trata da política como um artista deve tratar. Retrata jocosamente a política ele e o irmão Paulo Caruso. Seu Show e CD "Que País é Este?" excelência! Por carinho pessoal e admiração profissional foi que eu pedi para o Chico prefaciar este livro, mas na versão digital talvez não dê tempo... Enfim eu queria registrar isso porque eu não poderia ter contatado Chico Caruso se não fosse o marketing de rede porque na música a gente acaba perdendo os contatos. Cada um tem que fazer o seu trabalho artístico isso demora e tem toda uma conjuntura, mas o marketing de rede permeia essas relações onde se apresentam os bons produtos protegidos do mercado tradicional para que a pessoa conheça simplesmente sem precisar se tornar um cliente exatamente, mas é claro que é sempre bem-vindo um cliente da mesma classe profissional, não e´? Como é tão esparsa a classe artística...

O marketing de rede não aparece muito ou quase nada. Mas saiba que ele é um gigante no Brasil e no mundo. Movimenta muito produto e dinheiro. Em aperfeiçoamento constante o marketing de rede só é melhor que o mercado tradicional.

Tudo começa pequeno como uma semente e se torna uma grande árvore, você sabe. Em 2015 fui fazer uma Biodanza com o Bruno Martins que nos reencontramos depois do colégio por volta de 1986. Ali, depois de sua boa aula vendi 10 saches de Instantly Ageless, e ainda estava precisando de mais R$ 500,00 em vendas para cobrir a despesa do mês no escritório do miniOffice e pagar a pensão de minha filha. O Bonus deste mês fora ainda fraco. Outro mês com os Bonus e as vendas diretas foi a R$ 4.500,00. Então a variável está mais na venda direta num primeiro momento, mas os maiores cheques dessa indústria estão em quem constrói uma boa equipe. Pessoas comprometidas em ajudar ao próximo.

Novos hábitos são muito necessários, assim como abandonar hábitos nocivos antigos também o são. Estou na transição do hábito de fumar, por exemplo, e a estratégia dá certa através do cigarro de palha. Alguns param de supetão e pode ser melhor, mas na minha idade não me arisco. Hábitos nesta idade já se consolidaram e é perigoso parar de estalo. Lembro-me da história que contou meu saudoso amigo Orlandivo, que preciso visitar no Leblon. Mostrava seus exames e falava de seus hábitos quando o médico falou: - Orlandivo continua a fazer o que você faz. Se parar morre!

Lembrando-me deste episódio preciso escrever sobre uma descoberta recente, e que ajudará a reduzir muito o hábito, e para aqueles que gostam de pitar, mas querem parar ficará ainda mais fácil.

O cigarro de palha:

Vantagem 1: Não é quimicamente preparado, metaboliza rápido e em 10 min. não há cheiro na boca, na pele ou na roupa.

Vantagem 2: Palha e fumo custam bem menos.

Vantagem 3: você tem tempo enquanto faz o cigarro de pensar se quer fumar depois ou não, esperar colocar algum alimento antes, água, e esperar...

Vantagem 4: Aprende a fazer cigarro com custo mensal infinitamente menor que a media mensal gasta com o mal hábito. Dá prazer, mas continua a ser um mau hábito.

Vantagem 5: Aumento do espaço entre a fumada e aumento da capacidade pulmonar ao nível razoável para a agressão que o hábito faz ao organismo.

Enquanto isto como está de Cultura? Tenho lido alguns livros de estudo e pensamento. Eric Worre, Robert Kiyosaki, a Trilha Black dos nossos diamantes. Ler e reler e perceber o quanto se reaprende. Nunca é o mesmo livro.

Lembro que a ideia da homenagem ao Luiz Bonfá em DVD veio de minha saudosa tia Vitória, mãe de meu querido primo engenheiro Paulo Burnier, de seu irmão Pedro que vive em Vitória – ES, e que foi um grande produtor de mamão Papaia, e de João Burnier o "dos Bancos". Tia Vitória disse:

- Está na época de você fazer uma homenagem ao seu tio Luís.

Achei a ideia maravilhosa. Isto aconteceu nos anos 80, então no final dos anos 90, na virada do século eu comecei a preparar a produção. O DVD em homenagem ao Luiz. Fiz muita pesquisa em rádios e jornais e fiz um piloto com o editor de vídeo muito bom o Tiago Andrade que era TV Globo depois passou para a TV Record e hoje mora em Campinas. Fizemos um bom piloto ele tinha uma boa câmera 3CCD e a gente fez bastante coisa boa, entretanto uma qualidade técnica da captação não estava lá essas coisas, então convidei o Nelson Pompeu para se juntar ao projeto como eu não tinha muita verba convidei minha irmã como parceira também. Ela com sua visão artística apurada viu que no projeto realmente a gente teria de fazer uma adaptação aqui e ali. Surgiu uma empresa de vídeo onde eu reencontrei o filho do meu parceiro Junior Mendes como autorador de DVD na empresa do filmmaker João Elias, enfim nós fizemos um trabalho muito profissional e virou o nosso segundo vídeo inteiro, com outra concepção, novos depoimentos. Nós já estávamos em 2005, e em 2006 fiz os contatos e não consegui colocar absolutamente nenhum dos discos. Quebrei porque botei todo o dinheiro na época para tentar fazer o upgrade, mas no momento errado de mercado. E não diversifiquei os recursos. Estávamos mudando de suporte físico para plataformas que subiam arquivos de áudio em nuvens de internet, e as gravadoras não investiram mais em produtos até se adaptarem. Quando eu falei com o amigo e entusiasta da Bossa Nova Coaracy Nunes, que era presidente da federação de Esporte Aquático do Rio de Janeiro, ele muito querido e bem relacionado tinha um amigo de water-polo na presidência da EMI. Através dele fui recebido e o presidente da EMI falou muito francamente para mim:

- Tavynho seu DVD é um disco de qualidade, mas não interessa nem um pouquinho porque aqui eu preciso vender discos, entretanto eu vou comprar mil cópias só por causa da minha amizade com o Coaracy. Vou fabricar mil cópias e a gente vai comercializar sim porque o meu grande amigo me pediu que te ajudasse

Isto foi o que eu ouvi. Uma notícia bastante boa embora não fosse o interesse da companhia. O que o executivo da EMI falara eu já sabia. Anos antes a Star Magazine publicou um estudo sobre o universo de quinze mil pessoas para cada cidade de doze milhões de habitantes para o nicho de música instrumental... Entretanto naquele ano houve uma auditoria na

EMI e os sócios internacionais descobriram uma lacuna administrativa que corresponderia a uma pedalada contábil onde se faz uma projeção de vendas do artista principal, que era a Daniela Mercury na época, uma projeção de vendas que não existe para cobrir custos e tal... Eu não entendo muito bem como é isto, mas foi mais ou menos o que muita gente faz e isto foi considerado fraudulento.

O presidente foi afastado E com isso o meu DVD também não saiu, e eu não tive mais chance em absoluto de poder colocar os meus produtos. Neste meio tempo Mark Isbell, que conheci em 2004 através do nosso saudoso Durval Ferreira me ligou dos Estados Unidos em 2012: - Tavynho o que aconteceu com o DVD que gravamos em 2005? Daí, expliquei tudo a ele, que pediu para produzir fisicamente o Bonfa Toca Bonfa em CD áudio apenas. Claro que aceitei sua oferta e aqui está o caminho neste QR code...

Produzir fisicamente o DVD independente implicaria também na campanha de lançamento... Era impossível porque eu teria que investir mais dinheiro e os sócios não poderiam alocar mais recursos para tal envergadura. Então, eu fiquei com esses trabalhos prontos e parados. Tentei algumas coisas na área de música noturna e tudo mais, mas isto representaria voltar ao começo da minha carreira como músico com 17, 18 anos, 20 anos quando eu estava indo para os 60 anos. Foi quando surgiu uma conversa com a Dra. Vanisa Santiago e sua filha Maria Rita, ambas craques em direitos autorais, e acabei por conhecer em 2016 o Felippe Llerena, que é irmão do grande concertista de violão Marcus Llerena. Felippe e eu nos entendemos bem na área de streaming e agora tenho os discos da BonfaStudio na web através de sua empresa a MusicPost, que não tenho dúvidas que será uma das gigantes neste setor. Tai, dois cariocas típicos que conheci são o Evandro Mesquita e o Felippe Llerena. Perto deles, eu carioca pareço estrangeiro.

Então, de 2005 a 2012 a família não aguentou Foi duro, mas em 2012 a esposa Oks pediu o divórcio E aí a coisa foi para o brejo, nós temos uma filha e eu fiquei muito fragilizado. A gente mudou para um pequeno apartamento, mas não deu.

Em 2013 eu recebi um telefonema de Portugal de uma cantora luso-brasileira que ali vive, e que a conheci em 2004 no Rio de Janeiro. Ela tinha um projeto e me convidou, conseguiu apoio de patrocínio e me enviou os bilhetes aéreos, e lá fui eu para o Porto em Portugal com um violão na frente e outra mão atrás. Nessa altura do campeonato eu tava imaginando que naquela época o budget de uma gravadora internacional era bastante baixo, não era mais U$ 150 mil por produção como já foi no Brasil, mas esperava que 15 mil euros fossem rolar. Não aconteceu absolutamente nada a produção era de risco, e eu tive que encarar porque não tinha outra saída. Fiz um acordo eu pedi alguns concertos em cassinos e tudo que cobrisse alguns custos na volta ao Brasil. Com tudo assinado partimos para a produção.

Pegamos o repertório do Xutos e Pontapés de um rock entre Titãs e o Sepultura, e transformamos em Bossa Nova. Ficou muito bonito. E aí voltei para o Brasil.

Eu não tinha onde ficar porque não poderia voltar para casa da família e a minha família original, que é a família da minha mãe também ninguém poderia me ajudar. Resultado: Liguei para um velho amigo que é pintor, Urbano Mena um ótimo e exótico artista plástico, que tem uma casa na comunidade em Barra de Guaratiba. Tá certo! Eu trouxe algum dinheiro, paguei algumas contas atrasadas, paguei a pensão da minha filha menor, mas isso não era suficiente. Eu não tinha absolutamente nenhuma perspectiva e comecei a ficar deprimido. Para completar comi um dia uma caranguejada, naquela região tem muitos bons caranguejos, e é a comida típica, e peguei uma alergia que eu não sabia que tinha. Nem sabia que não se deve comer caranguejo depois de 60 anos. Tem gente que não tem esse problema, mas eu tive e comecei a ficar todo alérgico, e fui parar no posto de saúde. Fiz exames abessa.

Isto demorou muito eu comecei a me recuperar, mas o emocional no meu caso particular é que eu entrei em depressão. A depressão foi a desistência da vida, eu tinha desistido de viver. Isto não pode acontecer porque daí, você está pedindo para subir, e isso não é decidido assim. Deus não permitiu. Veio através do meu sobrinho Leo Pascual um produto que é um antioxidante poderoso que praticamente me salvou a vida. O RESERVE. Aqui está o link do próprio cientista explicando Dr. William Amzallag.

Na primeira semana me lembro de que comecei a melhorar com o produto era um antioxidante baseado no maior antioxidante do mundo que é o nosso açaí, que foi o que sobrou na faixa de terra da Pangea depois da separação com a África e os continentes, que virou o Brasil e que veio para Amazônia todo esse potencial de antioxidantes que só se encontra ali. Essa substância foi analisada em vários laboratórios internacionais principalmente o instituto N.I.H norte-americano, e descobriu-se que este produto maneira de dizer poderia salvar o mundo. O Açaí é muito mais poderoso do que todos os antioxidantes conhecidos e esse líquido era uma mistura de antioxidante e colágeno hidrolisado também, então comecei a melhorar na primeira semana. Que maravilha! Na segunda semana eu sabia que não poderia deixar de consumir esse tipo de produto. Na terceira semana eu já estava indo à praia porque na região tem praias lindas, e eu já estava animado já queria viver! Na quarta semana eu já estava na esquina uivando cheio de amor pra dar! Foi uma transformação radical que eu comentei com o Leo e disse:

- Eu não posso ficar sem isso como é que eu vou sustentar este consumo? Perguntei.

- Tio você precisa estudar como fazer isto. Vem estudar conosco na Barra. Respondeu.

E aí eu pegava o ônibus de Barra de Guaratiba que demorava meia hora para chegar até a estação do BRT. E do BRT levava mais meia hora. Eu chegava em uma hora e meia na Barra da Tijuca onde tinham as reuniões de estudo. De vez em quando era no Jardim Botânico e acabava muito tarde, e me lembro de que ao voltar eu tinha de dormir no ponto de meia-noite ou uma hora da manhã até as 04h30min da manhã quando passava o primeiro ônibus. Foi uma fase muito difícil, mas muito prazerosa porque eu estava reaprendendo e aprendendo coisas novas e me abriu um universo incrível. Mas como aconteceu exatamente isto? Eu me lembro de que na primeira vez que eu saí para estudar a gente foi para o Novo Leblon numa reunião na casa do casal Marcus Saulnier, e a reunião foi apresentada por ele, Leo Pascual e Beto Carvalho, que era diretor Diamante na empresa. O que aconteceu ali fiquei maravilhado. Fiquei muito bem impressionado com o Plano de Negócios. Beto tinha 28 anos de idade. Eu já tinha tido três exposições sobre o assunto. Ele olhou para mim diretamente e disse:

- E aí? Vamos trabalhar juntos?

Eu tive de tomar uma decisão na hora e disse Sim! Foi a melhor resposta!

Salvo pelo Bonus

 Uma vez Chico Buarque escreveu "Vence na vida quem diz Sim", que gravei com a Nara Leão e o próprio Chico quando produzi o CD "Com açúcar e com afeto". Lembrei-me logo desta música. Caramba! Foi a melhor coisa que eu falei!

Na música, por que cheguei ao melhor patamar que poderia e saí? Acredito que não poderia forçar minha natureza para ser aceito numa sociedade doente como estava. Sempre amarei a música, mas não me agrada o meio do negócio na música. A política e as relações por detrás da atividade ainda é deficiente mesmo agora no primeiro quadrante do século novo. O negócio do século XXI eu já visualizei através do mentor Robert Kiyosaki e dos ensinamentos de Eric Worre, ainda bem que existe uma luz no final do túnel!

A música que eu faço não é muito consumida no Brasil porque não é exposta. O brasileiro que pode comprar a música online geralmente compra música internacional. A música de todos os brasileiros é mais popular. É a que toca no rádio. Quando "Clarear" tocou no rádio logo explodiu. Era música que estava exposta. A exposição musical é quase tudo! Hoje não é diferente. Vende o que toca que é o mesmo que dizer a música que tem acesso à execução pública na rádio, ou TV tem chances. Trata-se de um universo não totalmente conhecido a música. Tecnicamente até estamos muito avançados, mas como explicar que em um sonho com os colegas Djavan, Caetano, e Chico eu recebi pelo menos três músicas originais vinda deles, e que ao acordar foram lembradas e escritas?

Caramba! Hoje fiquei longe de tudo e fiquei melhor. Ouvi uma gravação inédita antiga e me fez bem. Ainda bem que a música habita em mim. Não serve mais como a fonte de renda linear como antigamente, mas a renda residual ainda ajuda muito.

Muita gente não diferencia as duas categorias, e eu mesmo preciso relembrar, então, aí vai a explicação.

Renda Linear: A do trabalho assalariado, ou de prestação de bens e serviços.

Renda Residual: A que vem de um ativo construído, e que se torna um passivo gerador extra de recursos. Exemplos: Os direitos autorais, o aluguel de imóveis...

A liberdade monetária precisa estar em dois planos, o Plano A (que pagará as contas) e o Plano B (que o tornará rico), até que atinja um ponto de equilíbrio entre os dois, quando se pode ter opção de seguir com o Plano mais rentável. Quer saber mais? Procure Robert Kiyosaki no Mr. Google: O Negócio do Século XXI

Estou finalizando uma música nova. A música "H". Esta está tão difícil de escrever, que já está demorando quase dois anos. Quem sabe num próximo álbum de composições poderei mostrá-la.

As coisas estão se desdobrando e amigos de peso no marketing de rede estão contribuindo muito com sua experiência e ideias. Depois de uma conversa com Marcelo Araujo, marido de minha colega Priscila Sarandy, comecei a gravar um blog de vídeos. Um Vlog.

Por incrível que pareça meu saudoso colega de FACHA, Jackson Saboya Bezerra de Menezes já me havia falado sobre isto e agora finalmente caiu a ficha deste tão

importante modo de me relacionar com os diversos assuntos.

A música que eu pretendo continuar a desenvolver não tem território. É desta música que eu gosto. Dá mais trabalho e requer muito estudo, mas foi a que escolhi. Claro, que em algum momento a atenção foi local, mas o reconhecimento não pesa tanto se o foco é humanitário. Talvez, como na extensão da vida não sabemos do fim, a música, desta forma também teria a mesma extensão, ou o desconhecimento do alcance perceptivo. Em outras palavras, é difícil saber em quem dentro da plateia, o artista desde o palco consegue jorrar a endorfina pretendida dentro de cada uma das pessoas, ou mesmo a quantidade deste hormônio de felicidade.

A segunda chance está em curso. No mercado saturado em todos os níveis onde estará a saída? A tal luz no final do túnel? Está no Bonus!

O que poderia ser o Gongo, que vem do dizer popular em certa época da televisão, que remonta aos tempos do Chacrinha, do Flávio Cavalcanti, de Ary Barroso e outros, neste título do livro é na realidade o inverso, como o Bonus.

O Bonus pode bem representar a transição da autonomia no exercício de cinquenta anos de música para o empreendedorismo do marketing de rede. Esta transição não está sendo simples, mas está em curso neste momento para um novo e extraordinário estilo de vida que já visualizei. A música não para mais e sempre estará presente. É algo que se incorpora por desenvolvimento, aliais é muito parecido em como desenvolver as habilidades certas no marketing de rede.

O Bonus é também o CD-ROM que vem com o livro que vai dar para os amantes do violão em geral, o estudo dos primeiros passos no instrumento, tal e qual eu o conheci quando adentrei no maravilhoso universo musical.

GARAGE - Lulu Martin, Paulinho Soledade, Zé Luiz, Arthur Maia, e Cláudio Infante.

Como diria Paulinho Soledade quando o conheci e trabalhamos juntos com o grupo Garage, conjunto com o maestro Lulu Martin, Arthur Maia no contrabaixo, Claudio Infante na bateria, e o Zé Luiz no saxofone, antes de "fechar a tampa", tenho de tecer algumas considerações para tomar uma agenda de transição da música para o marketing de rede.

A música uma vez abraçada não para nunca, entretanto, produzir a música é agora algo transitório porque em algum momento estarei no marketing de rede em tempo integral, pois não se pode comparar o benefício em estilo de vida de um músico e um empreendedor de marketing de rede, que é extraordinário!

Salvo pelo Bonus

Em ambas as atividades o ganho é a compreensão do assunto, em si mesmo, e de como isto acontece enquanto se está aprendendo.

O empreendedorismo, que resgata o conhecimento acumulado, e também o que foi perdido durante a lavagem cerebral da obsolescência planejada em nível social.

De certa forma a sociedade se reinventa para prosseguir com a vida neste país com a saturação de mercado a níveis descomunais, enquanto que a música permeia estes mesmos acontecimentos dando a graça necessária como salvaguarda de fé e superação que é preciso ter também nesta estrada.

Como eu entendo a meritocracia é a busca da excelência, que é como na música. Em um país onde não se pauta a meritocracia, ela só se encontra na música e no marketing de rede.

O Bonus é ainda algumas vezes chorar sozinho. É compor sem dedicar para quem, ou porque se está fazendo um tecido quente de uma célula musical que brota na cabeça. É acreditar numa sequência numérica de Grigory Grabovoi, é respirar, se esticar, e se alegrar de fazer uma boa comida sem tempo pra acabar e colocar no prato.

Apertar o fumo na palha, colocar o tarugo de canudo largo com o calibre certo, e fazer das pontas o filtro cuidadosamente aparado também é o Bonus.

Como diria o Tio Bona: O Bonus é não ser promovido de sargento a cabo.

Tavynho Bonfa, Erasmo Carlos, Marcos Kilser, não identificada, Fernando Brant, Gonzaguinha, Ronaldo Bastos, Marcio Borges e Roberto Carlos.

Olhar pela janela e ver o bailar das nuvens no Cristo Redentor olhando-me de frente é Bonus. Penso que o Tom Jobim estava só quando escreveu "Um cantinho e um violão", pois recentemente percebi que ele tinha esta visão do Redentor que eu tenho de janela aqui do escritório. Seja como tenha sido, ele tinha uma situação de Bonus também. Não vou esgotar o tema, pois, poderei encontrar outros bons motivos nas visitas e treinamentos que venho fazendo fora com as pessoas e aqui no miniOffice, como eu chamo este apartamento/escritório, que virou escritório e cama. Lar não! Pois, casa sem mulher e filha (o) pra mim não é um lar. Uma família onde estiver morando tem um Lar. Entretanto, um Lar quase sempre é um Bonus, mas nem sempre é possível sê-lo.

Salvo pelo Bonus

O Bonus é um todo, e um indivíduo que o tenha.

O Bonus é estar a salvo com a segunda fonte de renda.

Vendas curam tudo! Alguém falou.

O Bonus é a salvação!

FIM

P.S.: Aqui estão os links para baixar as quatro aulas de violão gratuitas prometidas como Bonus Extra neste livro.

Tavynho Bonfa

"Esta é a grande magica de TAVYNHO BONFA: Impactar as pessoas com a magia de suas mãos.
Um som absolutamente limpo e cristalino transborda das cordas de seus amigos e escravos instrumentos, os violões.
Ouçam TAVYNHO BONFA com a certeza de viver um momento de total integração:
O Instrumentista, o Intérprete, e o Compositor.
Não queiram rotulá-lo. TAVYNHO BONFA é *música* e nada mais."

Eduardo Austregesilo de Athayde

>A idéia é morrer jovem o mais idoso possível<
https://youtu.be/ymcMAuzT2wc

Tavynho Bonfa

Music/Songwriter/Networker
https://tavynhobonfa.jeunesseglobal.com/pt-BR
WhatsApp - vivo (+55+21) 97125-1298
https://bonfastudio.wixsite.com/digitalrecords
VLOG https://goo.gl/33XBJr
Skype: tabonfa

www.ingramcontent.com/pod-product-compliance
Lightning Source LLC
Chambersburg PA
CBHW071317040426
42444CB00009B/2032